FEMINISMO EM COMUM

MARCIA TIBURI

FEMINISMO EM COMUM

PARA TODAS, TODES E TODOS

7ª edição

rosa dos tempos

Rio de Janeiro
2018

Copyright © Marcia Tiburi, 2018

CIP-BRASIL. CATALOGAÇÃO NA PUBLICAÇÃO
SINDICATO NACIONAL DOS EDITORES DE LIVROS, RJ

T431f
7ª ed.

Tiburi, Marcia
Feminismo em comum: para todas, todes e todos/Marcia
Tiburi. – 7ª ed. – Rio de Janeiro: Rosa dos Tempos, 2018.
126 p.: il.; 18 cm.

ISBN 978-85-01-11351-1

1. Feminismo. I. Título.

17-46805

CDD: 305.42
CDU: 316.345.2-055.2

Texto revisado segundo o novo Acordo Ortográfico da Língua Portuguesa.

Direitos desta edição adquiridos pela
EDITORA ROSA DOS TEMPOS
Um selo da
EDITORA RECORD LTDA.
Rua Argentina, 171 – Rio de Janeiro, RJ – 20921-380 – Tel.: (21) 2585-2000.

Seja um leitor preferencial Record.
Cadastre-se no site www.record.com.br
e receba informações sobre nossos
lançamentos e nossas promoções.

Atendimento e venda direta ao leitor:
mdireto@record.com.br ou (21) 2585-2002.

Impresso no Brasil
2018

SUMÁRIO

1. FEMINISMO JÁ!

Feminismo é uma dessas palavras odiadas e amadas em intensidades diferentes. Assim como há quem simplesmente rejeite a questão feminista, há quem se entregue a ela imediatamente. Talvez seja o momento de parar e perguntar por que há pessoas que temem o feminismo e por que há outras tantas que depositam todas as fichas nele?

Talvez não haja um meio-termo entre as paixões do medo e da esperança em torno de um movimento tão expressivo como esse. Assim como talvez não haja equilíbrio possível entre o amor e o ódio que o atinge. Conclamar as pessoas para que sejam mais razoáveis com relação ao que o feminismo – como filosofia, como teoria e como prática – tem a nos dizer e a nos ensinar pode ser um bom começo, mas não resolverá muita coisa enquanto não aprofundarmos nossa compreensão acerca do seu sentido e da sua presença na sociedade em que vivemos. Retirar o feminismo da seara das polêmicas infindáveis e enfrentá-lo como potência transformadora é o que há de urgente. Vale nesse momento, enfrentar essa urgência.

2. PENSAR O FEMINISMO

O feminismo deve ser pensado e analisado e, a partir daí, potencializado na prática. Do contrário, corre o risco de não chegar aonde poderia. Impulsos indignados o movem e, na contramão, outros impulsos também indignados tentam destruí-lo. Escrevo isso pensando que o feminismo também pode se tornar mais um desses ideais que não produzem maiores consequências para o todo. Um murro em ponta de faca. Como simples indignação moral, não há garantia de que o feminismo possa se transformar em ação ético-política responsável. E é isso o que queremos.

Em uma sociedade patriarcal, costumamos nos posicionar diante do feminismo. Seja qual for a posição que se assuma, é fato que ele deveria ser sempre pensado de modo analítico, crítico e autocrítico, como se deve fazer quando se tratam de posturas teóricas e práticas que exigem nosso senso de consequência. Só podemos pensar analítica e criticamente se respeitamos o objeto de nossas intenções reflexivas e, ao mesmo tempo, não evitamos realizar a autocrítica. Falo isso pensando em muitas pessoas, nas que pensam no feminismo como a grande saída para as injustiças e desigualdades sociais e naquelas que não conseguem ver nele mais do que um "ismo", um termo carregado de ideologia e marcado por um uso apenas espontâneo.

Não há nada mais importante na vida do que aprender a pensar, e não se aprende a pensar sem aprender a perguntar pelas condições e pelos contextos nos quais estão situados os nossos objetos de análise e de interesse. A crítica não é necessariamente a destruição daquilo que se quer conhecer. Ela pode ser uma desmontagem organizada que permite a reconstrução do objeto anteriormente desmontado. Ela pode ser também uma atenção especial que damos às coisas e ao nosso próprio modo de pensar, que vem melhorar o nosso olhar. Toda forma de crítica, desde que seja honesta, é válida, mas considero que nesse último sentido, como atenção cuidadosa, é possível seguir aproveitando ao máximo as potências do pensamento que visa à transformação do mundo ao qual o feminismo, como ético-política, necessariamente se liga.

É com esse espírito que devemos nos perguntar aonde, afinal, nos levará o feminismo. Pensando nesse lugar, ao qual pretendemos chegar, talvez possamos encontrar uma resposta ou pelo menos uma orientação para pensar melhor nas questões teóricas do feminismo, nesses temas que todos os dias nos convocam quando percebemos que somos – mulheres e não mulheres, pessoas inscritas no âmbito LGBTT e também homens – sujeitos e assujeitados a um mundo patriarcal que o feminismo vem questionar. Um mundo conservador que se abala com a mais leve pluma de crítica.

O feminismo nos leva à luta por direitos de *todas*, *todes* e *todos*. *Todas* porque quem leva essa luta adiante são as mulheres. *Todes* porque o feminismo liberou as pessoas de se identificarem somente como mulheres ou homens e abriu espaço para outras expressões de gênero – e de sexualidade – e isso veio interferir no todo da vida.[1] *Todos* porque luta por certa ideia de humanidade (que não é um humanismo, pois o humanismo também pode ser um operador ideológico que privilegia o homem em de-

---

1. Para identificar o gênero não binário neste livro, em lugar de "x" ou "@", optamos por usar a letra "e" (como em "todes") – de modo a não criar barreiras para a acessibilidade do conteúdo por deficientes visuais. [*N. da E.*]

trimento das mulheres, dos outros gêneros e, até mesmo, das outras espécies) e, por isso mesmo, considera que aquelas pessoas definidas como homens também devem ser incluídas em um processo realmente democrático, coisa que o mundo machista – que conferiu aos homens privilégios, mas os abandonou a uma profunda miséria espiritual – nunca pretendeu realmente levar à realização.

Para começarmos nosso processo de compreensão sobre o feminismo, podemos defini-lo como o desejo por democracia radical voltada à luta por direitos daqueles que padecem sob injustiças que foram armadas sistematicamente pelo patriarcado. Nesse processo de subjugação, incluímos todos os seres cujos corpos são medidos por seu valor de uso: corpos para o trabalho, a procriação, o cuidado e a manutenção da vida, para a produção do prazer alheio, que também compõem a ampla esfera do trabalho na qual está em jogo o que se faz para o outro por necessidade de sobrevivência.

3. SOMOS TODAS TRABALHADORAS

Não podemos pensar em feminismo sem pensar em trabalho. O trabalho é uma necessidade que a civilização nos impõe. Ele é o oposto do prazer. Ora, o prazer custa caro em uma sociedade capitalista. O capitalismo, por sua vez, é uma das condições dentro das quais o feminismo surge. Seu contexto é o da dominação e da violência, da exploração, da opressão, mas também o de muita sedução. Ora, o trabalho é o oposto do prazer, mas o prazer também depende do trabalho. No caso, o trabalho dos outros e, sobretudo, das outras.

Vamos começar pensando sobre o trabalho, que é um verdadeiro problema de gênero. Não temos muito apoio filosófico para falar disso, pois poucas vezes os filósofos se preocuparam em entender o lugar do trabalho na vida das mulheres. Foram as mulheres, sobretudo as feministas, que tiveram consciência da condição feminina, as que conseguiram transformar em tema de análise o trabalho das mulheres.[2]

É mais do que curioso analisar onde, como e quando as mulheres trabalham. Desde que nasce, não é um exagero dizer, uma menina está condenada a um tipo de trabalho que se parece muito com a servidão que, em tudo, é diferente do trabalho remunerado ou do trabalho que se pode escolher dependendo da classe social à qual se pertence. Em muitos contextos, lugares, países e culturas, meninas e jovens, adultas e idosas trabalharão para seu pai, os irmãos, para o marido, para os filhos. Serão, apenas por serem mulheres, condenadas ao trabalho braçal dentro de casa, a serviço de outros que não podem ou não querem trabalhar como elas.

Mesmo quando tiver um emprego fora de casa, a maior parte das mulheres trabalhará mais do que os homens que, de um modo geral, não fazem o serviço da casa. Acumularão o trabalho remunerado com o não remunerado. Terceiras e, até mesmo, quartas jornadas – vale dizer mais uma vez – nunca remuneradas farão das mulheres escravas do lar com pouco ou nenhum tempo

----

2. Silvia Federici, *Calibã e a Bruxa*, São Paulo: Elefante, 2017.

para desenvolverem outros aspectos da própria vida. Todas deverão acreditar que isso é natural e que uma menina ao nascer já vem com uma potência codificada em seu próprio DNA, uma predisposição para a servidão. Falo disso sem mencionar a escravidão emocional e psicológica vivida pelas mulheres, o que, a meu ver, resulta também dessa escravidão naturalizada em relação ao trabalho.

Estamos diante de uma divisão do trabalho baseada na ideia de uma diferença sexual – e o trabalho sexual propriamente dito, aquele que chamávamos antigamente de prostituição, faz parte dessa escravidão. O próprio sexo entra nesse sistema de trabalho, como obrigação para muitas mulheres. As que lutam para transformá-lo em um trabalho legal nada mais fazem do que libertar a atividade sexual servil de seu contexto escravizado. Quem estiver atento é capaz de perceber que a hipocrisia social se ressente diante da necessidade de legalização do trabalho sexual, enquanto a misoginia e o preconceito de classe aplicado às trabalhadoras do sexo não têm fim.

Esse é um assunto controverso mesmo para as feministas, pois elas pensam de modos muitos diversos sobre questões comuns. Surgem problemas quando a questão sexual em abstrato é colocada na frente da questão de classe, enquanto me parece que seria melhor colocar uma ao lado da outra para que se possa comparar melhor e perceber a correspondência dos temas. Talvez não possamos chegar a um consenso sobre isso. Por enquanto, usemos nosso tempo para meditar sobre a vida das mulheres como trabalhadoras que recebem menos do que os homens pelo mesmo tipo de trabalho, o que constitui uma das maiores injustiças que as pessoas heterodenominadas – denominadas por um outro – ou identificadas como mulheres sofrem em escala global.

Vou aproveitar para contar uma história que pode nos ajudar a pensar nessa questão do trabalho das mulheres. Há alguns anos recebi um convite para conversar com mulheres em uma usina de reciclagem em Porto Alegre. O convite veio de um padre que ajudava na organização de uma cooperativa. Quando cheguei, ele também estava presente. As mulheres queriam falar sobre o modo como o trabalho estava organizado entre elas e os homens. Contaram que recebiam por hora trabalhada. Que o trabalho estava dividido da seguinte forma: as mulheres ficavam na triagem dos materiais, que eram expostos em mesas para serem analisados, e os homens ficavam com a incumbência de carregar os fardos de material para ser analisado por elas.

No entanto, elas perceberam um aspecto complexo que interferia no sentido dessa divisão do trabalho tal como estava colocada. Segundo elas, quando se aproximava a hora do almoço, o momento em que todos fariam uma pausa, os homens começavam a se reunir para conversar, interrompendo o trabalho cerca de meia hora antes do horário combinado. Nesse momento, as mulheres continuavam a trabalhar e, para não prejudicarem a produtividade, elas mesmas carregavam os sacos com o material. Para elas era evidente que os homens se aproveitavam da situação para trabalhar menos. Eles não perderiam a remuneração, porque elas mesmas estavam a fazer o trabalho deles. Tornou-se claro, contudo, que as mulheres podiam fazer o serviço dos homens. Mesmo tendo conversado sobre essa astúcia masculina com eles, os homens não mudaram seu comportamento.

Na verdade, minha presença ali revelava um pedido de ajuda. Elas queriam conversar, queriam se fazer ouvir. A minha impressão foi de que elas não eram escutadas em seu questionamento. A minha presença servia para ajudá-las a compreender o que estava em jogo, mas também para que o padre, que tudo organizava, as escutasse. O padre, cheio de boas intenções, me explicou que havia ajudado a organizar o trabalho e que partira do pressuposto de que as mulheres eram capazes de trabalhar melhor com os detalhes, enquanto os homens podiam fazer a parte mais pesada do trabalho. Sua compreensão estava embasada em uma visão naturalista e essencialista das potencialidades de homens e mulheres. O fato de que as mulheres fossem capazes de realizar o trabalho destinado aos homens tornava essa compreensão absurda.

Aproveitei para perguntar por que ele achava que a triagem não era pesada, mas ele não soube responder. Perguntei a elas se queriam também carregar os fardos de material reciclável. Elas queriam apenas justiça no trabalho que realizavam em conjunto. Pensei qual seria a situação que elas viviam em casa, mas não tive coragem de perguntar, temendo que a resposta sobre uma injustiça geral nos deixasse a todas deprimidas.

Elas não estavam questionando o trabalho a ser feito, no sentido de desejarem descansar mais como os homens faziam. Ao contrário, demonstravam-se aguerridas com as tarefas. Queriam mais do seu trabalho. Para elas, era simples. Se os homens trabalhassem menos, tinham que receber menos, se elas trabalhavam mais, queriam receber mais. Não se reconheciam como o "sexo frágil" que o padre tinha – ingenuamente ou não – usado para marcá-las. Objetivamente, não eram fracas, por isso não se viam como submissas. Tinham plena consciência da contradição na prática, mas de nada valia a sua fala. O machismo estava ali como uma verdade previamente aprovada por todos, e de nada adiantava o questionamento delas. Naquele momento, a injustiça profissional, em que as trabalhadoras se encontravam pelo simples fato de serem mulheres, era notável. Negava-se a elas a equiparação de tempo e a remuneração pelo trabalho no enlace vil entre cultura e instituição, que garantem a ordem masculina de privilégios. O machismo ali mostrou todo o seu cinismo. Não poderia mostrar outra coisa, afinal, talvez essa seja a sua principal dimensão.

Não sei como a história acabou. Espero, contudo, que elas tenham conseguido aquilo que quase nenhuma mulher consegue – ter direitos básicos iguais aos dos homens. Enquanto isso, as mulheres são convencidas, por meio de uma combinação perversa entre violência e sedução, que a família e o amor valem mais do que tudo, quando, na verdade, o amor de devoção à família serve para amenizar a escravização, que, desmontada, faria bem a todos, menos àqueles que realmente preferem uma sociedade injusta porque se valem covardemente de seus privilégios.

Há uma verdadeira "ideologia do amor de devoção à família". Sempre achei curioso quando, no colégio, as professoras nos ensinavam a dizer "rainha do lar" para elogiarmos as mães no Dia das Mães. Vendo como minha mãe vivia e como se queixava do trabalho em casa e fora dela – percebendo que ela não recebia tratamento algum de rainha, mas, ao contrário, vivia nas piores condições cuidando de cinco filhos –, eu me perguntava por que estavam tentando nos convencer de uma ideia como aquela, que tinha ares de universal, se na prática tudo era bem diferente. Eu não sabia dizer isso naquela época. Mas a contradição entre o que era dito na escola e o que eu via em casa era viva, até porque no meu mundo familiar não havia qualquer tipo de elogio às mulheres.

Tive a sorte de viver em uma casa em que a violência física contra as mulheres inexistia. Minha mãe não era espancada, o que digo com certo alívio, pensando nas mulheres que sofrem com esse tipo específico de violência física pelo mundo afora. No entanto, uma violência mais básica, aquela que se sedimenta e impede transformações e a mais ínfima emancipação, estava lá. Por isso, nossa mãe nos mandava à escola. Mesmo sem dizer-se feminista, ela sabia – do mesmo modo que as feministas de todos os tempos sabem – que as mulheres precisam estudar. Que o direito ao estudo é fundamental para qualquer pessoa e também para as mulheres. E que só esse direito pode nos livrar do sistema de violência física e simbólica que pesa sobre quem é marcado como mulher.

Ainda na infância, quando eu passava em frente à casa da professora e a via limpando o local onde morava, a criança que eu era estranhava que fosse possível que a própria professora conseguisse estar na escola conosco e também fazer o serviço de casa, como minha mãe e outras mulheres que não eram professoras na escola. A jornada dupla de trabalho entre a escola e a casa estava ali, exposta aos meus olhos de menina.

Nada me parecia natural. Fui percebendo essas questões desde bem cedo, mas demorei a me solidarizar com elas. É que antes eu tinha que fugir. Durante muito tempo tive vergonha da condição feminina e preferi agir como se fosse um homem, ou, pelo menos, sem tornar a diferença de gênero um parâmetro para mim.

Por isso, eu me tornei feminista. Só depois de perceber que a condição feminina não precisava ser a da subjugação é que eu me reconciliei com o signo "mulher". Mesmo assim, hoje em dia, eu falo que sou mulher apenas em nome da luta feminista. Constantemente, digo que sou feminista e que isso vem antes de eu ser mulher. Em termos simples assumir "ser mulher" é, para mim, assumir um signo construído no patriarcado – que eu, com as feministas, posso também ressignificar. Não posso ressignificar esse termo sozinha, tampouco esquecer as outras tentativas de ressignificação.

Se aquelas que chamamos de mulheres representam um "outro" que é marcado pelo sexo e pelo gênero (que são basicamente a mesma coisa, no sentido de serem marcadores de opressão usados para definir mulheres), de um modo que os homens nunca foram, fica claro que assumir o signo mulher sem consciência do que ele significa é um perigo para as mulheres. O mesmo vale para as pessoas marcadas com os signos da homossexualidade. O feminismo implica a consciência desse perigo. Ele ajuda as pessoas a assumirem as identidades que lhes fazem bem, que lhes dão sentido e que não podem ser vividas como dívidas. Nesse sentido, surge a diferença entre personalidades autoritárias e não autoritárias (ou democráticas) que, no dia a dia, aceitam o modo como o outro se autocompreende. Falo isso pensando que é direito de cada um inventar-se.

A questão da identidade tem tudo a ver com isso. No contexto do patriarcado a identidade é um parâmetro heteroconstruído; no feminismo a identidade é um elemento da construção de si que passa necessariamente pelo autorreconhecimento de cada um acerca de si mesmo. As mulheres trans, nesse sentido, têm todo o direito de se dizerem mulheres, do mesmo modo que qualquer pessoa que se identifique com esse signo.

O feminismo nos ajuda a melhorar o modo como vemos o outro. O direito de ser quem se é, de expressar livremente a forma de estar e de aparecer e, sobretudo, de se autocompreender é ao que o feminismo nos leva. A postura autocrítica necessária a toda crítica honesta depende dessa mudança do olhar, que depende, por sua vez, de nossa capacidade de prestar atenção. Essa capacidade não é natural: é construída em processos de aprendizagem que envolvem a nossa própria construção como pessoas. Em outros momentos falei sobre a importância da atenção para o pensamento. É preciso renovar essa colocação, inscrevendo-a no contexto de uma filosofia capaz de transformar o mundo. Penso que o feminismo pode ser uma lente poderosa nesse processo.

4. AUTOCRÍTICA: O FEMINISMO PARA ALÉM DO MEDO E DA MODA

Sugiro que, para compreender com mais cuidado e delicadeza o feminismo, comecemos por uma autocrítica. Sendo ou não feministas, dizendo-nos ou não feministas, seria interessante analisar a nossa adesão ou a nossa rejeição imediata a algo que nos chama nesse momento a uma posição. O que é o feminismo para cada uma de nós – ou quem se sente convocado por ele? O que desejamos do feminismo? Por que o amamos, por que o odiamos? Podemos confiar em algo como o feminismo quando pensamos em transformar o mundo?

A partir daí é necessário que nos esforcemos por entender a sociedade na qual o feminismo surge como uma demanda real. Há um desejo concreto de feminismo entre nós. Podemos, contudo, nos perguntar se realmente precisamos dele. Essa é uma pergunta cruel para quem acredita no feminismo – tanto quanto é cruel perguntar a um crente se ele precisa de Deus. E, no entanto, se somos feministas devemos nos colocar essa pergunta.

Questionar os ideais nos quais acreditamos, ao contrário do que imaginamos, serve para nos situar no mundo. No entanto, perguntar se praticamos o feminismo como uma crença ou se ele é um instrumento de transformação da sociedade muda tudo. Aqueles que acreditam no patriarcado também deveriam se perguntar se precisam dele – o que de modo genérico é muito difícil, pois o patriarcado é um sistema dogmático de crenças, não um ideal. Ele é tomado como o que há de mais natural. O agente do mundo patriarcal geralmente não consegue se fazer essa pergunta. E, por isso, as feministas, agentes do feminismo, precisam fazer elas mesmas a pergunta concernente, a princípio em relação à necessidade do patriarcado, mas depois à necessidade do feminismo, para que ele não seja um simples substituto do patriarcado. Só assim o feminismo poderá ser a sua crítica e a sua desconstrução, enquanto fizer-se como autocrítica interna.

O que chamamos de patriarcado é um sistema profundamente enraizado na cultura e nas instituições. É esse sistema que o feminismo busca desconstruir. Ele tem uma estrutura de crença firmada em uma verdade absoluta, uma verdade que não tem nada de "verdade", que é, antes, produzida na forma de discursos, eventos e rituais. Em sua base está a ideia sempre repetida de haver uma identidade natural, dois sexos considerados normais, a diferença entre os gêneros, a superioridade masculina, a inferioridade das mulheres e outros pensamentos que soam bem limitados, mas que ainda são seguidos por muita gente.

Já a necessária autocrítica do feminismo – que o salva dos modismos – depende da crítica interna à sociedade que cria as mais diversas modas para atualizar ou domesticar os impulsos mais complexos do ser humano como ser social. O feminismo organiza um impulso perigoso à ordem dada como natural. Por isso, conservadores constantemente se apropriam do feminismo, tentam capturá-lo e transformá-lo em mercadoria. Na impossibilidade de fazer dele algo palatável ao mercado, o feminismo é transformado por seus detratores em uma excrescência inútil. Sabemos que o sistema econômico e político de nossa época, ao qual damos o nome de capitalismo, precisa transformar em excrecência e inutilidade tudo aquilo que o ameaça.

De fato, não podemos reduzir o feminismo à discussão de gênero e sexualidade sem uma ligação direta com a questão das classes sociais – também a da raça e, acrescento eu, a da plasticidade, no qual se inserem as questões das chamadas "deficiências", das aparências e da idade, que afetam várias minorias. Do mesmo modo, todas as lutas que envolvem os marcadores de opressão, quando não estão atentas ao problema de gênero que reproduz um sistema conservador, não conseguem avançar na transformação social.

Não é à toa que o tema "gênero" esteja causando tanto desentendimento, e até mesmo surtos morais e políticos fundamentalistas e autoritários. "Gênero" é um termo usado para analisar os papéis "masculino" e "feminino" que se tornaram hegemônicos. A aparência de homem e mulher está profundamente ligada a regras de comportamento. Somos controlados social e domesticamente desde que fomos "generificados", como afirma Judith Butler.[3] Isso quer dizer que somos construídos no tempo e nossa sexualidade é altamente plástica como é a nossa alimentação, a nossa corporeidade, a nossa espirituali-

---

3. Judith Butler, *Problemas de gênero: feminismo e subversão da identidade*, Rio de Janeiro: Civilização Brasileira, 2003.

dade, a nossa imagem, a nossa linguagem, a sociedade em que vivemos e, por isso, mesmo, pode ser modificada em muitos sentidos.

Talvez a partir da relação entre os marcadores de opressão possamos entender por que tantas mulheres (e não mulheres) se afirmam hoje como feministas e por que o feminismo cresce sustentado em discursos e práticas de várias gerações. O feminismo está aí para ajudar as pessoas a se perguntarem sobre os jogos de poder envolvidos em sua própria vida.

Nessa linha, algumas perguntas podem nos ajudar a pensar mais. Por que certo feminismo entra na moda e é tão aceito pelo capitalismo? Por que outro feminismo dá medo e é rejeitado pelo capitalismo? De onde vem o desejo de feminismo que vemos se manifestar no todo da vida cotidiana e na vida virtual a questionar famílias, escolas, igrejas, a justiça, o mercado, o governo e o Estado?

Proponho que levemos o feminismo muito a sério, para além das modas, e que seu impulso e sua potência desconstrutiva radical sejam capazes de melhorar nosso modo de ver e de inventar a vida.

5. O FEMINISMO É O CONTRÁRIO DA SOLIDÃO

Tenho a impressão de que, de algum modo, devemos nosso feminismo a nossas mães e avós mesmo quando elas não se diziam, e talvez nem fossem, feministas. Com elas, estamos inscritas como mulheres – ou como pessoas em geral que se afirmam como feministas – em uma história que não começa nem termina em nossa mera vida. Elas fazem parte de nossa biografia. Em nome de nossas antepassadas, diretas ou não, nos tornamos feministas porque houve mulheres que foram duramente oprimidas, mas também porque no passado existiram lutadoras incomuns, pessoas que se tornaram exemplos, mulheres a quem devemos o nosso lugar. Estamos unidas às feministas do passado e, desse modo, às do futuro. A filósofa medieval Christine de Pizan[4] no

4. Christine de Pizan, *La Cité des dames* [A cidade das damas], Paris, Stock, 1986.

século XV falava para as mulheres do futuro, imaginando um mundo melhor para elas, que sempre foram vítimas de preconceito e misoginia. Christine nos faz pensar que o feminismo é, há muito tempo, uma utopia.

Nosso feminismo não nasce em nós, foi herdado e transformado devido a um sistema de injustiças ao qual opomos a luta. Esse sistema se alicerça como razão patriarcal, e a utopia, a ideia de que um outro mundo – e melhor – é possível, atrapalha a sua lógica. A utopia feminista fala de um outro mundo possível, em que ser mulher não significa ser o destinatário de todo tipo de violência. Não devemos negligenciar que, no patriarcado, o destino das mulheres é a violência.

Penso agora nas mulheres cuja vida não foi nada fácil. Minha mãe, por exemplo. Só percebi que isso estava ligado ao fato de ela ser mulher depois de eu já ter crescido e também ter me tornado, de algum modo, uma mulher. Ela sempre se queixou do excesso de trabalho em casa, sem ajuda de ninguém. Sempre comentou como não tinha tempo para si.

Ela não pôde produzir um projeto de vida para si mesma, pois esteve devotada ao trabalho de criar uma família – marcada, em diversos aspectos da vida, pela precariedade. Por isso é que minha mãe nunca nos incentivou a casar e a ter filhos. Irritada e muitas vezes mal-humorada, ela tinha fama de brava – e era mesmo. Não tinha como ser muito alegre. Estava sempre sobrecarregada de trabalho. Vejo-a como uma sobrevivente em um mundo absurdamente ruim. Talvez hoje ela não concorde comigo. Ao ler este livro, talvez pense: "Que exagero!". Como uma pessoa que assumiu o lugar de mãe à moda antiga, ela evitará sempre o ressentimento e o arrependimento e certamente assumirá a responsabilidade pela vida que teve, mesmo que não a tenha exatamente escolhido. Quando escolhemos nossa vida? Essa é uma questão que também não devemos perder de vista.

Lembro de meu pai lavar a louça para "ajudar" minha mãe. E lembro dele a reclamar do cheiro das roupas lavadas sem perfume, como se, na realidade em que ela vivia, no trabalho da casa e no trabalho braçal daquele ambiente inicialmente rural, ainda tivesse espaço para futilidades desse tipo. Apesar disso, minha mãe, que pariu cinco filhos, três deles em casa, nas piores condições, me deixou a impressão de que a vida é um milagre e que não precisa ser malquista.

Quando falo de minha mãe, é evidente que estou falando de meu ponto de vista. Todo olhar é limitado. Não estou falando da mãe que meus irmãos veem com seus próprios olhos. Nem da mulher de meu pai. Nem da tia, da amiga, nem da mulher cidadã. Estou falando da condição de muitas mães que sofreram como a minha em muitos casamentos sem sentido, criando filhos por acaso, nem sempre – ou raramente – por projeto ou desejo, e enfeitando esse acaso com a esperança que resta aos humilhados. Pelo menos é assim que vejo com meus olhos críticos e, por dever, abertos à discussão.

Enquanto escrevo, cometo um ato falho que logo corrijo. Escrevo "irmã" no lugar de mãe. De fato, há uma verdade nesse erro que não devemos jogar fora. O feminismo nos ajuda a ver que somos todas irmãs umas das outras e que essa posição horizontal está no âmago da vida das mulheres. É o contrário do que acontece entre homens e mulheres, sempre afundados em uma relação vertical, em que a mulher ocupa o posto inferior no qual ela é colocada por mil arranjos simbólicos. Toda a ideia de violência que afeta a vida das mulheres tem a ver com esse lugar.

Penso agora em uma de minhas tias mais queridas, a irmã mais velha de minha mãe. Quando eu e meus irmãos éramos mais jovens e reclamávamos de nosso pai por qualquer motivo, ela nos dizia: "O pai de vocês não é um homem mau, ele não é violento, ele não atrapalha, ele nunca bateu em vocês." Essa tia nunca se casou, porque não viu possibilidade de se envolver com um homem sem associá-lo à ideia de violência. Minha avó foi uma mulher espancada por seu marido, pai de seus dez filhos, nos grotões do Rio Grande do Sul nos anos 1930 e 1940. Essa história está na base da compreensão de mundo de suas três filhas, bem como o fato de ela ter se tornado uma mulher "desquitada", o que significava um atestado de indignidade naquela época. Compensamos nossas avós – e aqui me refiro às nossas ancestrais injus-tiçadas e maltratadas – com nossa liberdade sexual e de gênero, mas sobretudo com nossa luta, com a nossa liberdade, com a nossa exuberância criativa acerca de nossas vidas.

Lembro também de minha mãe falando de uma pri-ma que havia se tornado puta. Na sua fala transparecia um respeito por aquela mulher que tinha escolhido a vida livre para a qual outras mulheres não se sentiriam livres. Na visão de minha mãe era absolutamente inviável pensar algo de bom do sexo. Mas havia mulheres que podiam gostar de sexo. Ou desejá-lo. Para ela, marcada pela herança de preconceitos religiosos, o sexo era tanto uma coisa abjeta, cuja ausência conferia alguma digni-dade a uma mulher, quanto algo sobre a qual era melhor não falar. Cresci pensando na opressão sexual, além das demais, que minha mãe vivia.

Mesmo assim, minha mãe, condenada àquela vida de esposa, talvez para redimir sua própria mãe violentada, nunca argumentou por algo como uma superior dignidade das esposas quando comparadas às putas. Minha mãe, que não teve acesso a livros, trabalhava nas piores condições, preocupada em criar os filhos, e sabia que seu mundo era limitado. Tenho certeza, no entanto, que ela entenderia o argumento de Emma Goldman[5] sobre a indiferença entre putas e esposas, todas submetidas ao patriarcado, umas vendendo o corpo reduzido ao trabalho sexual, outras entregando-se ao trabalho doméstico, reprodutivo e sexual, em troca do que comer e de onde dormir, de uma casa, um lugar à sombra dos homens, como escravos voluntários fizeram em todos os tempos. Todas as mulheres a serviço dos homens e da ideia conservadora de família que serve aos homens e aos espíritos aprisionados em ideologias tais, como não deixam de ser a maternidade e a sensualidade às quais as mulheres são condenadas e, ao mesmo tempo, estranhamente seduzidas.

---

5. Emma Goldman, "La prostituición", disponível em <https://www.marxists.org/espanol/goldman/1910/005.htm>.

Não há nada mais absurdo para o patriarcado do que o direito ao corpo. Assim como é importantíssimo que as mulheres sejam donas da própria sexualidade e do todo do seu corpo, elas devem ser donas de seu corpo reprodutivo. As mulheres precisam reivindicá-lo, porque o corpo feminino, assim como o corpo marcado como negro e o corpo usado – como o do operário –, precisa ser devolvido a si mesmo.

O feminismo nos ensina a lutar por isso. A lutar por um mundo em que os corpos e, com eles, a dignidade das pessoas possam ser resgatados. Para mim, esse resgate seria um sorriso de minha avó, aquela mulher silenciosa que nunca vi sorrir. Dizem que ela amava meu avô, seu espancador. Pouco me importa saber se minha avó amava ou não o meu avô, aquele homem infeliz deixado com o pai em uma fazenda no interior do Rio Grande do Sul enquanto a mãe morava em Porto Alegre com as filhas, na década de 1930. Isso pouco me importa... Ele também era uma vítima do patriarcado, que não lhe dava luzes para enxergar mais longe. Talvez ele tivesse ódio das mulheres, porque, para começar, tinha ódio da mãe que o deixou ali sozinho no pior dos mundos. Talvez a sua mãe fosse uma feminista radical que não via chance de ajudar os homens a deixarem de ser machistas.

Ou seja, de saírem da miséria espiritual à qual servem como sacerdotes.

Longe de culpar sua mãe, já que a lógica patriarcal sempre culpa as mulheres pelos erros dos homens – sem assumir que os homens podem ser culpados pelos erros das mulheres. É fato que ele aprendeu a confundir mas- culinidade com violência, como muita gente faz até hoje. Foi criado em um mundo de segregação, em que os sexos e os gêneros não ajudam uns aos outros com seus saberes. Embora não se possa tirar a responsabilidade de ninguém, a noção de respeito não poderia surgir no contexto em que ele vivia. Ora, o patriarcado não entende de respeito ao outro. Por isso, faz sentido dizer que todo feminismo se define na capacidade de lutar, até à morte se for o caso, por um outro desejo, que nos livre dos sistemas de opressão objetivos e subjetivos aos quais estamos assujeitados.

Meu feminismo me faz lembrar e reinterpretar essas pessoas. Respeitar a miséria de cada um. O feminismo se torna meu gênero nesse momento, é um nome que dou à minha consciência política e ao espírito do meu corpo.

6. DA MISOGINIA AO DIÁLOGO

Meu avô espancador, vítima e repetidor do patriarcado, era mais um desses sacerdotes da misoginia que vemos por aí pregando em palavras e atos. A misoginia é o discurso de ódio especializado em construir uma imagem visual e verbal das mulheres como seres pertencentes ao campo do negativo. A violência física também é linguagem. Atos de violência, seja verbal ou física, seja espancamento ou estupro, são de uma lógica diabólica que transforma em negativo tudo aquilo que visa a destruir.

O que estou chamando de negativo diz respeito ao que está fora do poder. A misoginia está presente quando se associa as mulheres à loucura, à histeria, à natureza – como se houvesse uma predisposição que conferisse a elas uma inconfiabilidade natural, originária. Essa inconfiabilidade mítica foi criada pelo próprio patriarcado para abalar a relação das mulheres entre si. Se as mulheres confiarem em si mesmas e umas nas outras, o sistema sustentando na diferença hierárquica entre homens e mulheres e na estúpida desconfiança sobre a potência das mulheres pode ruir.

Nesse sentido, podemos dizer que o feminismo é um operador teórico-prático, mas no sentido de um contra-dispositivo. Ele é acionado para desativar o dispositivo do poder da dominação masculina patriarcal. Estou chamando de "contradispositivo" o método – neces-sariamente construído na base de uma teoria e de uma ação capazes de fazer desmontar o dispositivo que o patriarcado é. O que é um dispositivo? O filósofo francês Michel Foucault definiu o poder como um dispositivo, ou seja, um arranjo. O patriarcado é também uma forma de poder. Ele é como uma coisa, uma geringonça feita de ideias prontas inquestionáveis, de certezas naturalizadas, de dogmas e de leis que não podem ser questionadas, de muita violência simbólica e física, de muito sofrimento e culpa administrados por pessoas que têm o interesse básico de manter seus privilégios de gênero, sexuais, de raça, de classe, de idade, de plasticidade. O feminismo é o contradispositivo, uma espécie de agulha que fura essa bolha.

Desmontar a máquina misógina patriarcal é como desativar um programa de pensamento que orienta nosso comportamento. O patriarcado é um verdadeiro esquematismo do entendimento, um pensamento pronto, que nos é dado para que pensemos e orientemos a nossa ação de um determinado modo, sempre na direção do favorecimento dos homens brancos e de tudo o que sustenta seu poder. Aqui, é bom saber, o que chamo de "homem branco" é apenas uma metáfora do poder, do sujeito do privilégio, da figura autoritária alicerçada no acobertamento das relações que envolvem os aspectos gênero e raça, sexo e classe, idade e corporeidade. Uma pessoa que tenha as características do homem branco também pode desconstruir-se e se tornar um outro ser para além da violência com que se constrói um "homem branco". Nesse ponto, podemos discutir a complexa questão dos homens nos feminismos. O feminismo tende a fazer bem aos homens que desejam uma vida mais ampla e mais aberta, uma visão de mundo expandida, menos tacanha, diferente da que foi legada a ele por seus ancestrais comprometidos com a violência e o poder de destruição da vida. Progressista por vocação, o feminismo é um operador criativo que libera todos das coações patriarcais, desonera as pessoas da dívida de gênero – ele mesmo uma coação. O feminismo se inventa e se reinventa a cada vez que surge uma nova feminista, a cada vez que surge um novo coletivo, a cada vez que as feministas produzem o feminismo que desejam, por meio de teorias e práticas que sempre são, por definição, inadequadas ao patriarcado. O feminismo não é, nesse sentido, um jogo. Ele é muito mais um ritual sem mística realizado contra um ritual místico diário do culto patriarcal ao macho.

Produção de outro desejo que esteja para além das objetificações e fetichizações, o feminismo é um fazer, é a ação que põe em cena o desejo daquelas que, sendo mulheres, no mais amplo sentido dessa palavra, lutam contra o seu encarceramento, sua domesticação, sua escravização e sua docilização – sem perder de vista que "mulher" é uma marcação do patriarcado que foi ressignificada no feminismo.

Assim, não é errado dizer que o feminismo de cada uma entra em jogo com os feminismos possíveis das outras mulheres, os feminismos preexistentes e que se recriam, se replicam, redefinem tempos e espaços e, ao mesmo tempo, relacionam-se ao "feminismo" em um sentido genérico. Este termo, quando usado no singular, não deve nos remeter a uma unidade, ela mesma uma categoria patriarcal, mas, antes, nos levar a pensar em termos de construção do "comum" e da presença da singularidade. Feminismo é um significante que preenchemos com nosso desejo, nossos saberes e ignorâncias, fundando uma trama, um tecido, uma rede – para usar uma expressão bem contemporânea –, que ajuda a visualizar didaticamente o contexto de nossas relações hoje.

Todo feminismo é particular e geral ao mesmo tempo. Todo feminismo está, na lógica da presença, ligado a outro feminismo; todo feminismo está em relação dialética, em tensão com o outro, para usar uma palavra altamente feminina, amada ou temida por muitos filósofos.

Mas o que torna o feminismo ainda mais complexo não é apenas esse sentido profundamente filosófico, de questionamento do *status quo* patriarcal, caracterizado pela combinação interseccional de gênero-raça-classe--sexualidade e – devemos acrescentar – idade e plasticidade. O que o torna ainda mais complexo é o seu caráter inventivo, o seu modo de ser processual, capaz de se recriar e se reinventar. O feminismo, vamos insistir nisso, mais do que uma teoria e uma prática intimamente enlaçadas, é a invenção de um outro mundo possível, a partir da desmontagem do jogo patriarcal, mas apenas enquanto a invenção de um outro mundo constitui sua utopia.

A diversidade feminista é a fonte e o efeito do caráter mais profundo do que chamamos genericamente de feminismo. O feminismo surge como contraposição ao sistema, mas também como promessa. Contra uma visão de mundo pronta, o feminismo é como a dialética negativa, que visa à superação de um estado social injusto e que não teme desaparecer depois que tenha cumprido sua função histórico-social.

Apesar disso, o feminismo é método, no sentido de caminho que se faz ao caminhar, sem garantia alguma de que se chegará ao destino desejado. Por seu caráter aberto, ele incomoda muita gente. O patriarcado precisa se proteger do feminismo como o diabo da cruz – para usar uma expressão própria desse campo expressivo-conceitual que é o patriarcado, um regime eminentemente religioso, moralista e ascético em relação ao qual o feminismo parece ser de um paganismo que amedronta. Quem tenta destruir o feminismo é justamente quem tem medo do seu caráter transformador. Pelo menos em um primeiro momento. Porque pode parecer altamente negativo em relação ao estabelecido, e também positivo, como é evidente, quando se tem em vista esse caráter processual do feminismo. Veja que aqui uso os termos "negativo" e "positivo" para além de um sentido moral.

O feminismo cresce em todos os espaços sociais. Grupos e coletivos enriquecem o cenário da luta pelos direitos das mulheres e, como não pode deixar de ser, de todas as minorias das quais o signo anteriormente opressivo "Mulher" é uma expressão básica, um signo de luta. Raça e classe social, desde o surgimento do feminismo interseccional, são questões que vêm contribuir com o avanço das práticas feministas historicamente ligadas a gênero e sexualidade. Nunca é demais dizer que o impacto do feminismo interseccional é tal entre nós que podemos falar dele como um divisor de águas.

Podemos falar também da pluralidade de propostas e posturas no âmbito feminista que incluem mulheres de todas as idades, raças, crenças, plasticidades, escolaridades, sexualidades. A dialogicidade do feminismo refere-se a essa presença concreta das diferenças. O feminismo é um espaço-tempo, no qual habitam a multiplicidade dos corpos em relação não violenta. Nesse sentido, o dissenso é uma característica da dialogicidade, desse *não discurso* ou *contradiscurso*, quer dizer, desse desejo de diálogo ou dessa crítica consistente, dessa multiplicidade de vozes, dessa presença de dissonâncias em ação performativa sincronizada, a saber, aquela que nos define como seres expressivos e inventores de mundos ao mesmo tempo.

Diálogo é um movimento entre presenças que diferem entre si. O feminismo é, nesse sentido, uma utopia concreta, em que o enlace entre política e ética orienta-se em defesa da singularidade das pessoas. O feminismo é a própria democracia que queremos, mas uma democracia profunda, que começa colocando a questão dos direitos das mulheres e avança, interrogando a urgência dos direitos de todos que sofrem sob jugos diversos, em cenários nos quais o poder do capital estabelece toda forma de violência, das mais sutis às mais brutais.

7. O FEMINISMO E O FEMININO

Não é possível pensar o caráter dialógico do feminismo se não pensarmos no machismo como uma profunda falta de diálogo entre seres singulares. O machismo se sustentou no mando, na autoridade e no autoritarismo. Vimos que a misoginia é uma espécie de ódio histórico às mulheres, que aparece no mundo patriarcal em momentos diferentes da história.[6] Ele está fundamentado nos textos e nas práticas. Sustenta toda a linguagem conhecida e, muitas vezes, até mesmo as feministas que são muito atentas são capazes de falar reproduzindo

6. Michel Foucault, *História da sexualidade*, 3 v., Rio de Janeiro/São Paulo, Paz e Terra, 2014. A leitura de Foucault acerca de um antigo poder tanatopolítico que dá lugar a um moderno poder biopolítico nos ajuda a compreender o estatuto desse ódio. Ele vem dos homens, que confundem poder e violência desde os mais remotos tempos.

algum aspecto misógino. Eu mesma me envergonho dos momentos em que falei sem pensar e alimentei o patriarcado com a minha pressa e a minha negligência.

Se observarmos o lugar das mulheres na formação dos textos que fazem parte da história será mais fácil entender isso. Os homens produziram discursos, apagaram os textos das mulheres e se tornaram os donos do saber e das leis, inclusive sobre elas. Tudo o que sabemos sobre as mulheres primeiro foi contado pelos homens. Da filosofia à literatura, da ciência ao direito, o patriarcado confirma a ideia de que todo documento de cultura que restou é um documento de barbárie. Demorou para que as mulheres conquistassem o seu lugar de fala, o seu direito de dizer o que aconteceu, o seu direito de pesquisa e de memória. O feminismo se construiu a partir dessa conquista da liberdade de expressão.

O mundo patriarcal não promoveu o diálogo entre os gêneros que ele mesmo construiu. O patriarcado opressor sempre foi a verdadeira "ideologia de gênero". Nessa ideologia, os homens em geral sempre trataram as mulheres como incapazes para o conhecimento e o poder, como traidoras (o que é confirmado em mitos tais como o de Pandora e de Eva no Gênesis), como loucas e más (daí também a mística da mulher ou da moça boazinha), como se fossem animais domesticados para a força de trabalho e para o alimento sexual. A misoginia, por sua vez, foi o sustentáculo, uma espécie de lastro que autorizava o comportamento masculino contra o diálogo e a favor de toda essa violência.

A semelhança entre o poder patriarcal e sua violência tem alguns momentos importantíssimos na história: o sacrifício das jovens e de esposas[7] na Antiguidade grega clássica – cuja afinidade ideológica com o *sati* indiano, o costume de mulheres viúvas se atirarem à pira funerária do marido, não pode ser esquecida –, bem como a execução das *bruxas* pela inquisição cristã, ligada ao avanço do capitalismo no fim do feudalismo. Essas práticas arcaicas têm relação direta com o assassinato de mulheres que não cessa de se repetir ao longo da história, aquilo que há não muito tempo passamos a chamar de feminicídio. O feminicídio, que para muitos é um tópico menos importante, é uma verdadeira constante cultural.

A docilização e submissão das mulheres tem tudo a ver com isso. Todas as vezes que as mulheres se torna-

---

7. Nicole Loraux, *Maneiras trágicas de matar uma mulher: imaginário da Grécia antiga*, Rio de Janeiro, Jorge Zahar, 1988.

ram indesejáveis ou inúteis, perigosas ou desobedientes, elas foram perseguidas e mortas. E toda essa perseguição e violência foi sustentada pelo discurso misógino. Sempre é mais fácil odiar mulheres do que homens, mesmo quando eles seriam muito mais odiáveis do que elas.

Para docilizar as pessoas marcadas como mulheres, foi inventado o "feminino". O feminino é o termo usado para salvaguardar a negatividade que se deseja atribuir às mulheres no sistema patriarcal. Elogiado por poetas e filósofos, o feminino nada mais é do que a demarcação de um regime estético-moral para as mulheres marcadas pela negatividade.

Entre o elogio do caráter feminino e o feminismo há um abismo estético, ético e político, um abismo antropológico que reproduz questões teológicas. Podemos nos perguntar se o elogio do feminino, tal como ele é desenhado na lógica patriarcal, serve para esconder o ódio que se tem às mulheres e ao feminismo. Assim como o ódio aos negros também é ódio ao questionamento antirracista, assim como o ódio ao comunismo realiza-se como ódio à ideia de luta de classes ou à crítica ao capitalismo, o ódio ao feminismo acompanha o ódio às mulheres.

O feminismo se apresenta como crítica em relação ao patriarcado na forma de Estado, Mídia, Igreja, Família,

Capital. Todas essas instituições vendem sua ideologia como discurso verdadeiro, essencializando o feminino e as mulheres como suas portadoras. É bom lembrar que as vozes nunca são neutras. As vozes feministas, antirracistas e cientes da luta de classes em nossa sociedade alertam que há algo de errado na pretensa neutralidade da sociedade patriarcal, ela mesma uma grande propaganda, um sistema de autoelogio que precisa desabonar o outro para sobreviver. Daí a invenção do feminino.

Nesse contexto, o termo feminismo é maltratado enquanto cresce o elogio ao feminino. É como se, ao afirmar-se feminista, uma mulher, ou qualquer pessoa, estivesse indo contra o estado natural das coisas, contra aquilo que é tratado pelo discurso como sendo "a verdade". Essa verdade patriarcal é poder de morte, violência simbólica e física contra as mulheres que, caso se contentem em ser bem femininas e bem dóceis, podem até se salvar do espancamento e da morte.

8. LUGAR DE FALA E LUGAR DE ESCUTA: FEMINISMO DIALÓGICO COMO ENCONTRO DAS LUTAS

O termo "luta" nos diz de um bom afeto, de algo que nos anima, inspira e instiga. Luta é a ação do desejo que nos politiza. Luta é o nome próprio da ação política, ela mesma uma ação poética, no sentido de criação de uma obra. Ao mesmo tempo, o termo luta está no mundo da vida. Feministas são seres em luta, sendo ou não mulheres, já que a diversidade do termo feminismo não pode depender da unidade do conceito de "mulher" em um sentido natural. Ele mesmo – sempre é bom lembrar – é um termo criado pelo patriarcado que é preciso desconstruir.

LUGAR DE FALA

É nesse cenário que surge o tópico contemporâneo do "lugar de fala", fundamental no contexto em que a politização de grupos e sujeitos se faz por meio de marcadores opressivos, redefinidos como mote de politização. Aspectos heteroconstruídos, signos de opressão, são vistos do ponto de vista da sujeição vivida. Daí a importância da "fala", como expressão e autoexpressão no contexto do poder. O patriarcado, versão de gênero do capitalismo e do racismo, sempre privou as pessoas de sua expressão própria. O capitalismo só suporta seus ventríloquos e seus bonecos, jamais a fala autêntica, poética e política.

Audre Lorde[8] alerta que não podemos lutar levando adiante a armadilha de uma hierarquia de opressão, como se o sofrimento fosse um capital – mas não podemos nos esquecer das marcas acumuladas, das dores vividas pelas pessoas. Ao mesmo tempo que é preciso lutar pela fala, é preciso permitir a solidariedade entre os discursos que exigem direitos. A solidariedade não pode ser descartada,

---

8. Audre Lorde, "Não há hierarquias de opressão", in _____,
Textos escolhidos de Audre Lorde, [s.l.], Herética Edições Lesbofeministas Independentes, [s.d.], p. 1.

ao contrário, em certos contextos ela deve até mesmo ser exigida. Ora, o lugar de fala constrói um contexto dialógico. Se luta é um conceito que implica oposição, implica necessariamente o diálogo. A conquista, a defesa de direitos e a ocupação dos lugares de fala não se sustentam fora disso.

Nesse sentido, o feminismo interseccional, que reúne em si os marcadores de opressão da raça, do gênero, da sexualidade e da classe social, é evidentemente uma luta contra sofrimentos acumulados. Da dor de ser quem se é, de carregar fardos históricos objetivos e subjetivos. A interseccionalidade das lutas nos leva a pensar que toda luta é luta quando é luta "junto com" o outro, o companheiro, contra um estado de coisas injusto.

O que estou chamando aqui de dialogicidade, relaciona-se ao sofrimento e à luta. À capacidade de escutar e de falar. Lorde nos ajuda nisso, lutar pelos direitos das mulheres é lutar pelos direitos dos negros; lutar pelos direitos dos negros é lutar pelos direitos das mulheres e dos índios, das pessoas trans e dos trabalhadores; lutar pelos direitos dos trabalhadores é lutar pelos direitos das mulheres que são trabalhadoras. Quando lutamos por um lugar de fala lutamos pelo lugar de todos.

Lutar por direitos não significa lutar pelos próprios direitos em um sentido individual. A noção de direito implica sempre a sociedade. Por isso é que podemos dizer que a luta é lugar de todos, ou seja, implica não apenas a aparência, mas a presença concreta das diferenças objetivas e subjetivas. É essa presença que tem o poder de instaurar o diálogo sem o qual toda luta pode morrer na simples violência destrutiva e autodestrutiva.

LUGAR DE ESCUTA

É o desejo político que surge no lugar de fala. O lugar de fala pede, no entanto, um lugar de escuta. O lugar de fala expressa um desejo de espaço e tempo contra uma ordem que favorece uns em detrimento de outros. A escuta é um elemento prático no processo político que precisa ser experimentado com urgência, sobretudo pelos sujeitos que detêm o privilégio da fala.

Na ordem do discurso, sabemos que não se trata apenas de "quem pode falar?", mas do fato de que quem fala para alguém. A hegemonia da fala gera uma obrigação da escuta – uma escuta dócil – que precisa ser pensada. A escuta política não é dócil. Fala e escuta quando são políticas são sempre tensas. Justamente, por isso geram um campo de forças dentro do qual é possível romper com os poderes estabelecidos.

E é incrível como as pessoas não se escutam. Os poderosos não escutam os sem poder, os capitalistas não escutam os trabalhadores, os homens não escutam as mulheres, os heterossexuais não escutam os não normativos, os brancos não escutam os negros, os opressores, afinal, não escutam os oprimidos. Ora, a problematização da escuta por si só já perturba a hegemonia da fala, que sempre foi dominada pelos sujeitos autoritários. Daí a complexidade da presença de um lugar de fala no contexto da fala colonizada por sistemas de opressão e poder.

É verdade que, em um contexto democrático, pressupõe-se que todos podem falar. No entanto, os caminhos da fala, bem como os da produção de discursos e os meios de comunicação, pertencem às elites econômicas, que vivem no contexto dos privilégios de raça, gênero, sexualidade, plasticidade, idade e classe social. Fora do sistema dos privilégios a expressão é contida, digamos que ela é econômica e politicamente administrada.

O espaço da voz foi até hoje do homem branco, situado no topo do sistema social de privilégios. Esse "homem branco", sobre o qual já fizemos um comentário, representa o capital sexual (da heterossexualidade compulsória), o capital financeiro, o capital social e intelectual, por fim, o capital comunicacional. O "homem branco" é a metáfora que nos permite entender a proposta de uma outra fala possível para além dele. A autodesmontagem crítica do vodu do homem branco – muitas vezes encarnado em corpos de não homens e não brancos – depende de que essa matriz subjetiva se posicione no lugar de escuta.

O homem branco falante é uma forma personalizada da velha soberania patriarcal. Um corpo presente, um modo de ser, a materialização concreta do poder, seu simulacro em estado bruto. Na ordem do discurso patriarcal, o "homem branco" é uma figura e uma lógica ao mesmo tempo. Está autorizado a falar sobre todos os assuntos, a fazer o que bem entender, muitas vezes até a perversão, a produzir e reproduzir uma visão de mundo que o favorece. O que se chama de lugar de fala é uma insurgência que afeta o chamado "falogocentrismo", que é a "fala-poder" ou o "poder-fala" do homem branco. A "fala" é autorizada por um "falo" que sempre esteve em posse dos homens brancos, que dominaram os discursos e a produção da verdade.

9. IDEOLOGIA PATRIARCAL

Patriarcado é um nome estranho para muitas pessoas que consideram natural a ordem social existente. Ele representa a estrutura que organiza a sociedade, favorecendo uns e obrigando outros a se submeterem ao grande favorecido que ele é, sob pena de violência e morte. É claro que qualquer sistema de privilégios é feito para que uns usufruam deles enquanto outros devem trabalhar para que o sistema seja mantido. Nessa perspectiva, é impossível pensar que o patriarcado dará espaço ao feminismo. Se isso acontecesse, a estrutura não seria mais a do patriarcado. Ao mesmo tempo, o feminismo aponta para o caráter inconciliável de uma sociedade de direitos na qual o patriarcado esteja em vigência. É nesse sentido que o feminismo é uma luta contra um estado de opressão e injustiça.

Se pudéssemos escolher, provavelmente preferiría-
mos os privilégios, mas nosso nascimento já nos condena
a uma classe social, a uma raça e a outras marcações
sociais que não nos permitem escolhas e das quais só nos
emancipamos com muita luta. Além disso, as pessoas
têm vergonha de estar no lugar de oprimidas. Vergonha
de serem mulheres, de serem negras, de serem pobres.
Vergonha desses legados de classe em uma sociedade que
mede os outros pela cafonice autoritária do "berço". Por
isso o argumento do mérito soa sempre tão precário. Ele
é esse misto de sorte e virtude que só garante a falsidade
da ideologia meritocrática, ela mesma acobertadora de
relações sociais injustas. Mesmo pessoas muito pobres
preferem muitas vezes defender a chamada "meritocra-
cia" a entender a opressão que impede tanta gente de
viver em condições melhores e de desenvolver potencialidades no sentido de terem o direito de se tornarem
quem são.

Quando pensamos em feminismo, somos levados a considerar uma sociedade para além do mérito, uma sociedade
na qual todas (todes e todos também) tenham os mesmos
direitos. Mas não só. Podemos pensar em uma sociedade em
que pessoas sejam ajudadas a desenvolver suas potencialidades. E, mais ainda, uma sociedade na qual as pessoas não

sejam medidas por desempenhos em todos os setores da vida, como tem acontecido na nossa sociedade patriarcal, necessariamente autoritária. Nessa sociedade, as pessoas são obrigadas a desempenhar papéis a partir de signos que são administrados e manipulados, como se fossem caixas que põem as coisas em um lugar no qual é mais fácil dominá-las. Neste momento, as exigências de desempenho que pesam sobre as mulheres são imensas, e elas não têm muita chance, mesmo quando aderem à ideologia meritocrática. As mulheres serão constantemente preteridas e talvez, de antemão, nem se coloquem em disputa com um homem, porque já se acostumaram a um lugar subalterno e negativo nessa ordem.

As mulheres terão de pagar caro também na vida profissional apenas por serem mulheres, não apenas no lugar de trabalhadoras, mas no de "carne" – ao qual foram destinadas desde muitos séculos. O que podemos chamar de "cultura do assédio", no trabalho ou nas ruas – ou na família, ambiente em que acontece a imensa maioria dos estupros e abusos sexuais –, relaciona-se à condição subalterna das mulheres que – por não poderem competir com os homens e porque não são consideradas seres iguais em direitos – devem servir caladas à violência de taras verbais e físicas.

O sistema econômico e social ao qual se dá o nome de capitalismo – por valorizar o capital acima de todas as coisas – mede os corpos como força de trabalho e, assim como ontem reduzia as pessoas a trabalhadores, hoje depende do abandono e do apagamento dessas mesmas pessoas que, mesmo sendo trabalhadoras, devem se contentar em ser consumidoras. Nesse contexto, muitas mulheres se iludem de que estão livres porque adquiriram independência econômica – embora estejam sendo oprimidas pelo próprio sistema que as emprega. Em todos os campos de atividades, dos menos aos mais concorridos, as mulheres sempre são as pessoas que recebem menor remuneração e se acumularem a opressão de raça, como as mulheres negras, receberão menos do que todos. Mesmo quando chegam aos cargos mais desejados, como diretoras ou presidentes de corporações, as mulheres costumam receber salários menores. As mulheres negras raramente chegam a cargos mais valorizados.

O machismo é o *ismo* do patriarcado que o feminismo vem perturbar. O machismo é um modo de ser que privilegia os "machos" enquanto subestima todos os demais. Ele é totalitário e insidioso, está na macroestrutura e na microestrutura cotidiana. Está na objetividade e na subjetividade, isto é, mesmo que seja uma ordem externa ao nosso desejo, foi e é introjetado por muitas pessoas, inclusive mulheres. E, porque o machismo faz parte de um modo orgânico de pensar, de sentir e de agir, é tão difícil modificá-lo.

O machismo é um sistema de crenças em que se aceita a superioridade dos homens devido à sua masculinidade. No entanto, se a masculinidade aparece em uma mulher, ela é rechaçada e criticada. O machismo reserva a masculinidade para si e age contra as pessoas que não são masculinas. A feminilidade, por sua vez, é um caráter reservado às mulheres e, quando manifestada por homens, é tratada como um erro da natureza. O patriarcado depende da ideia de natureza que defende a existência de apenas dois sexos, cujos comportamentos foram programados. E isso é o mais difícil de mudar quando pensamos na transformação da sociedade. Por algum motivo, muitas pessoas, a maior parte delas, se acostuma às programações. Agir é sempre complicado – e mais ainda quando é preciso agir de modo criativo, ou seja, com liberdade. O feminismo leva a pensar que a vida seria melhor e menos sofrida longe de diferenças de sexualidade e gênero. E que o machismo e o sexismo causam muito sofrimento e não precisamos viver sob seu jugo.

Ao mesmo tempo, é verdade que algumas mulheres se emancipam da prisão doméstica, espaço em que tudo está de antemão programado no campo dos serviços, tais como lavar e cozinhar, cuidar das crianças, dos homens e dos velhos e, se der tempo, cuidar de si mesma. Talvez não seja um exagero dizer que só as mulheres solteiras e que vivem sós são emancipadas. Mas digo isso sem certeza alguma, apenas para que pensemos juntas sobre a questão. Muitas vezes as mulheres se emancipam ao conseguirem que outras mulheres trabalhem por elas e então repetem o mesmo ciclo que poderiam ajudar a destruir na luta contra a desigualdade doméstica e pública.

Isso nos deve levar a pensar que o "lar" nunca é um lugar doce para as mulheres, mas um núcleo fundamentalmente capitalista que tem na família um sistema de exploração. Ao pertencer a uma classe social mais favorecida, o trabalho que seria destinado primeiramente às mulheres da família acaba sendo terceirizado para outra mulher. Os homens podem se queixar de que são explorados como provedores, mas a partir do momento em que as mulheres ocupam o mercado de trabalho e se tornam também elas provedoras, as coisas são bem diferentes. De qualquer modo, o sistema de privilégios continua favorecendo os homens que, na condição de exploradores, em todas as classes – com exceções que confirmam a regra –, lucram com a condição feminina escravizada no contexto dos trabalhos naturalizados e não remunerados.

Essa condição feminina depende de um discurso, de uma espécie de texto que é dito diariamente ou de um subtexto que permanece secreto. O romantismo nas relações familiares, que são muitas vezes as mais cruéis, servem para garantir a função do casamento e da maternidade. As virtudes cristãs das mulheres, tais como a capacidade de cuidar e a compaixão, a compreensão e a atenção ao outro, bem como a feminilidade na forma de delicadeza, da sensualidade e da paciência, tudo isso serve como texto para ocultar o subtexto do machismo que nos informa "para que serve" uma mulher. E elas servem.

E, quando percebem isso e se indignam, muitas vezes se dizem feministas, como se a posse dessa palavra se tornasse um gesto de alforria. Há, no entanto, quem se diga feminista porque é bonito, *fashion*, está na moda. Contudo, de nada adianta dizer-se feminista sem lutar pela transformação da sociedade. Essa transformação, por sua vez, implica perceber que as mulheres são uma forma de classe, a própria classe trabalhadora. Importante voltarmos a esse assunto que, desde o começo, emoldura a nossa discussão.

Se pensarmos em termos de signos usados para marcar corpos, diremos que mulher é o ser marcado para servir ao mundo do privilégio patriarcal. Sob o signo do capitalismo, o mundo entrou em um devir-mulher assim como entrou em um devir-negro[9] no sentido de uma marcação com o objetivo da escravização geral de todos. Alguns feminismos conseguiram transformar o signo mulher em algo positivo, mas é fato que, no patriarcado – que equivale ao capitalismo –, as mulheres sempre foram figuras negativas, um "outro" criado para a servidão. Alguns, na sequência dessa mistificação trataram o signo "mulher" como uma evolução do mundo para além do patriarcado. No entanto, por mais que tratemos o termo "mulher" como uma metáfora, não há

---

9. Achille Mbembe, *Crítica da razão negra*, Lisboa: Antígona 2014

qualquer fundamento de que um mundo tornado mulher seria melhor que um mundo no qual as singularidades fossem respeitadas, já que nem todas as pessoas que participam do mundo como sujeitos de direitos desejam ser mulheres. Muitas vezes nem as próprias pessoas previamente marcadas como mulheres.

Ora, o trabalhador é o escravo do capitalismo, o que equivale a dizer que seria como a mulher do capitalismo. A mulher do trabalhador, por sua vez, seria como que sua escrava. Isso quer dizer que, diante de uma mulher, esteja ela na condição de esposa ou de puta, o seu explorador – mesmo sendo ele outro explorado, como no caso de um trabalhador –, é, de algum modo, um capitalista. Verdade que sempre há quem venha alegar – em uma perspectiva liberal ingênua – que as mulheres escolhem isso ou aquilo, essa ou aquela vida, esse ou aquele trabalho, ter ou não ter poder, do mesmo modo que sempre se pode alegar que cada um escolhe a vida que tem. O problema é que a ideia de "escolha" também não é abstrata, tendo em vista as condições patriarcais da sociedade e da cultura. Nesse sentido, o que significa escolher em um mundo machista, no qual a base simbólica da cultura não prevê espaço para a real liberdade das mulheres? Vejam que aqui uso o termo "liberdade" em um sentido filosófico amplo, não como ele é usado no liberalismo econômico que, infelizmente, sequestrou e deturpou essa bela ideia para seus fins.

O feminismo propõe que as pessoas se tornem conscientes disso e possam ultrapassar esse estado de coisas injusto no que concerne às mulheres e às demais minorias políticas.

A condição feminina é o efeito de um autoengano que deve ser assumido diariamente. Esse autoengano se refere à subjugação da qual cada uma é vítima, condição que, necessariamente, tem que ser ocultada. É impressionante como as pessoas e, principalmente, muitas mulheres não se questionam sobre isso, o que se compreende pelo fato de que os sistemas ideológicos se organizem na intenção de impedir que as pessoas pensem por conta própria. De que vejam o quanto são oprimidas, o quanto são usadas pelo sistema e por aqueles que, dentro do sistema, estão no lugar de privilegiados. Por isso, devemos nos perguntar sobre o caráter ideológico da ordem patriarcal. Sobre a cortina colocada pelo poder para que não se veja o que realmente está acontecendo.

O feminismo teórico não é apenas uma defesa do pensamento livre. Ele é o próprio pensamento livre. Como postura prática de oposição à ordem concreta, o feminismo nasce de uma desconstrução teórica profunda. O patriarcado é um sistema de pensamento que reserva para si a pretensão da verdade. O feminismo avança como descortinamento desse sistema que foi armado a partir de uma suposta diferença sexual, que é tratada como verdade e tem a função de estabelecer os parâmetros da dominação no que chamamos de divisão sexual do trabalho. O feminismo surge, portanto, como desmontagem do patriarcado, ele mesmo um sistema de injustiças.

É preciso esmiuçar a compreensão que temos do patriarcado, esse pano de fundo cenográfico sobre o qual – e contra o qual – surge a luta pelos direitos das mulheres e de todas as pessoas oprimidas e silenciadas em função de suas marcações de opressão. Ao mesmo tempo, talvez a metáfora do pano de fundo não seja a melhor imagem para tratar disso. Como dissemos antes, o patriarcado é muito mais uma cortina que se usa para esconder o que não deve ser mostrado, e o feminismo surge como o descortinamento. Imaginemos esse gesto de tirar um tapume, quando esse tapume se torna essencial para a manutenção de aparências. Imagine o que pode significar o gesto de tirar vendas de olhos acostumados ao escuro. A antipatia que muitos têm pelo que o termo feminismo vem designar relaciona-se ao seu caráter elucidativo quanto a um estado de coisas. Se não houvesse feminismo, pensemos um pouco, o patriarcado não teria limites.

A ignorância é confortável para muitos. Há quem diga que só os ignorantes são felizes. Se lembrarmos que a ideia de cortina serve para explicar o que é ideologia, então o feminismo pode ser entendido como uma leitura atenta da ideologia patriarcal que acaba retirando seu véu. O feminismo é uma crítica contraideológica. É contra a ideologia do patriarcado, mas não pretende ser uma nova ideologia substitutiva. O feminismo nos ajuda a procurar uma visão mais verdadeira das coisas.

Talvez seja realmente difícil compreender a dominação masculina, porque estamos mergulhados nela. A própria ideia de compreensão é controlada pelo sistema patriarcal. Vamos chamar esse sistema de compreensão de "ordem do saber". Ela está cheia de elementos misóginos. Se formos aos livros de filosofia e às obras literárias, veremos discursos misóginos afirmando que mulheres são isso ou aquilo e, sobretudo, que não são cognitivamente capazes, como comentamos anteriormente. Para lembrar de um exemplo bem antigo e tradicional que orientou a visão de mundo de muitos filósofos homens sobre as mulheres, temos Aristóteles, para quem a natureza às vezes produzia uma mulher inteligente, embora isso fosse um fato contranatural. Muitos justificarão os filósofos dizendo que são homens do seu tempo, ao que podemos contrapor: não seriam eles que deveriam estar mais atentos aos aspectos ideológicos da sociedade e às suas mentiras para mudar o mundo? Mas os filósofos nem sempre quiseram mudar o mundo. É o feminismo que realmente deseja transformá-lo.

O que chamamos de patriarcado também pode ser entendido como o próprio sistema do saber com suas regras, seu controle do conhecimento e da ideia de verdade. No patriarcado, saber e poder unem-se contra os seres heterodenominados como mulheres. Neste cenário a novidade do feminismo se faz ainda mais complexa.

O feminismo não é apenas um conceito, no sentido de uma abstração teórica, muito menos um sistema de pensamento, nem somente o nome próprio que se dá a uma prática. O feminismo é mais do que um conceito. É um complexo operador ético-político, analítico, crítico e desconstrutivo e serve como lente de aumento que põe foco sobre as relações humanas e sobre os aspectos ocultados nessas relações. Nesse sentido, o feminismo não é um conteúdo específico organizado em sistema, mas tão somente um meio. Nem é apenas um viés de análise, mas a potência de um corte crítico em relação ao *continuum* histórico do patriarcado.

Do mesmo modo, o feminismo não pressupõe um patriarcado como abstração. O feminismo não cria o patriarcado como um "outro", como um objeto de estudos. Por isso mesmo é que podemos ficar seguras de que o feminismo não é uma ideologia como seus detratores misóginos desejam explorar. O feminismo é uma leitura que põe em questão o que existe – aquilo que está dado – para então analisá-lo. O feminismo é, nessa linha, "teoria crítica" que se constrói a partir do arcabouço dado no patriarcado, na condição de teoria tradicional; uma visão de mundo exposta em tela. Ora, a teoria crítica leva em conta a construção do sujeito da pesquisa como sujeito do questionamento para além da ideia de um sujeito do sistema do conhecimento que simplesmente acumularia informações e erudição.

Levando esses aspectos em consideração, podemos pensar que o feminismo é um signo para muitas definições possíveis, todas incompletas, carregadas das mais diversas potências – às quais daremos o nome de potências feministas. O feminismo não é apenas plural, portanto, é eminentemente potencial. Como abertura à compreensão, ao futuro, mais do que uma promessa, o feminismo é um método de transformação social capaz de modificar tanto a microfísica quanto a macroestrutura da sociedade – que foi alicerçada no patriarcado machista e sexista, o qual tem sua base na conhecida violência contra as mulheres, não por acaso excluídas do sistema do poder-saber.

10. DIREITO DE SER QUEM SE É

Mas o feminismo é ainda mais do que elucidação, crítica e luta. É também a conquista do direito de ser quem se é. Uma conquista comemorada a cada dia por quem se sente comprometido, em sua vida, com aqueles que não--puderam-ser-aquilo-que-poderiam-ter-sido em função de preconceitos de gênero e sexualidade, de raça e classe. É o feminismo que alerta para a forma de sujeição inscrita no gênero e na sexualidade. Pensar o que chamamos de gênero e pensar também a sexualidade como mecanismo de opressão: eis o que o feminismo busca.

Gênero é um termo que ficou muito conhecido a partir dos anos 1970, quando passou a ser usado como categoria de análise. Esse aspecto de categoria crítica e desconstrutiva parece ter sido deixado de lado por algumas ideologias. "Gênero" passou a ser demonizado em certos contextos. Hoje muitos usam essa palavra em um sentido verdadeiramente perverso. As feministas e os estudiosos de diversas áreas ligadas ao tema têm sido acusados, em uma inversão de sentido, de "ideólogos de gênero". Falam em "ideologia de gênero", por exemplo, embora o termo "gênero" sempre tenha sido o elemento para desmascarar essa ideologia de gênero que é o patriarcado. Por isso, conservadores fundamentalistas precisam atacar gênero e, a partir desse ataque ao seu elemento crítico, fundar a falácia da chamada "ideologia de gênero" que tem feito a cabeça de algumas pessoas.

Mas gênero é, em certo sentido, a mesma coisa que sexo sempre foi. Assim como o papel de gênero é uma criação histórico-antropológica, o sexo também é. As teorias sobre a sexualidade sempre foram marcadas pelos interesses ideológicos do patriarcado. E aqueles que falam em ideologia de gênero poderiam falar em "ideologia de sexo". Daria no mesmo.

De qualquer modo, estamos falando muito sobre isso atualmente com a intenção de libertar uma categoria de análise da demonização na qual ela foi colocada pela má--fé de conservadores misóginos e epistemologicamente perversos, que inclusive manipulam a fé das populações. Em termos bem simples, estamos diante de pessoas que usam termos sérios e que devem sempre levar ao avanço da pesquisa e do debate, de um modo populista e com fins de manutenção do poder. A violência epistemológica se faz de diversas formas. Todo autoritarismo tem sua episteme, as palavras que são manipuladas. A mesma má-fé que se arma contra a pesquisa com células-tronco ou que se constrói contra a legalização do aborto em países como o Brasil. A má-fé é uma arma incrível na construção de práticas que surgem dessas teorias. Teorias não são sempre científicas, são também populares. Esses pensamentos explicativos do mundo que se parecem com mitos verdadeiros em si mesmos, mas que, na verdade, não passam de enganações. A má-fé é essencial nesse processo, ela se caracteriza pela marca-d'água da deso-nestidade, que só pode ser vista pela lupa do pensamento reflexivo e crítico.

É importante continuar usando palavras tais como "sexo" e "gênero" para que a crítica consistente e a pesquisa séria não sejam desvirtuadas pela exploração da fé – e da crença e da capacidade de pensamento que oportunistas fundamentalistas querem sequestrar. Nesse sentido, o feminismo tem também um papel importante, o de se preocupar com as palavras por meio das quais as pessoas sempre foram controladas, cerceadas e dominadas.

O feminismo significa muitas coisas no desenvolvimento de seu tenso e complexo processo histórico, contudo, algo é certo: foi por meio dele, mesmo quando não se usava esse nome para designá-lo, que as mulheres se emanciparam, que elas deixaram de ser coisas – objetos úteis ou carne de procriação e abate – e se tornaram pessoas com cidadania política. Por que essas pessoas chamadas de mulheres não eram – e, em muitos contextos, ainda não são – tratadas como seres humanos? Em muitos casos, elas não têm direito à simples cidadania, como pode ser percebido quando se trata da questão da legalização do aborto. Essa é uma pergunta que devemos nos colocar.

As transformações no contexto do que chamamos de gênero apavoram aqueles que preferem viver em uma sociedade na qual as pessoas são marcadas como gado. Ninguém que tenha uma forma democrática de pensar e de sentir pode gostar de ser marcado ou de marcar o outro. As pessoas que não corresponderam à ideia de heteronormatividade foram classificadas como gays, lésbicas, vadias, trans e outros nomes – dos quais depois vieram a se apropriar, como forma de usar a marcação sofrida para politizar a própria vida violentada pela ordem dominante. Assim, torna-se possível tanto denunciar o processo de marcação quanto assumir um lugar de menor sofrimento no contexto dos preconceitos contra os quais se luta. Usar um nome proveniente de uma marcação não é naturalizá-lo, mas deixar claro que se está a definir um outro lugar relacionado ao direito de ser quem se é, o direito de existir. O direito de estar presente.

Nesse ponto, podemos definir o feminismo como uma postura ético-política. Ela nos ajuda a perguntar sobre a felicidade das pessoas que vivem sob signos opressivos, que criam todo tipo de sofrimento para seres humanos e também para não humanos, como os animais. O patriarcado sempre legislou sobre as mulheres, sempre quis dizer o que era melhor para elas – assim como o sistema faz com pessoas marcadas como negras, pobres ou diferentes em geral. O feminismo nos convida a deixar que as pessoas oprimidas, coagidas e humilhadas possam falar por si mesmas e sejam ouvidas. Digamos que aquela democracia radical sobre a qual falamos há pouco possa dar espaço às vozes silenciadas e programaticamente esquecidas. Nesse sentido, o feminismo é o convite a um diálogo radical e profundo.

11. MULHERES E FEMINISTAS: O PROBLEMA DA IDENTIDADE

As mulheres representam uma imensa multidão de seres que não puderam se tornar quem eram, ou quem deseja-vam ser, porque foram educadas para servir aos homens. Para se tornarem seres que servem a outros seres sem esperar nada em troca. Ainda há pessoas que defendem ideias assim. Que exploram mulheres enquanto mães; empregadas domésticas, trabalhadoras do comércio ou das grandes corporações; ou como prostitutas. E que as exploram também como imagens, figuras espetaculares usadas como mercadorias para vender outras merca-dorias. Ainda há uma mística feminina que serve para acalmar o possível incômodo daquelas que venham a se sentir ultrajadas por esse tipo de gesto que constitui o patriarcado.

Hoje em dia as mulheres reivindicam o direito ao próprio corpo quando exigem a legalização do aborto em países nos quais ele ainda é ilegal, tais como o nosso. As mulheres precisam lutar para defender também suas imagens, capturadas pelo sistema econômico e social e que, nos meios de comunicação de massa, foram transformadas em moeda e mercadoria. Lutar pelo direito à autoimagem é, por outro lado, lutar por uma identidade, reivindicação das pessoas que foram invisibilizadas na opressão do espetáculo que mede as pessoas pela aparência. A identidade é a imagem que temos de nós mesmos. Ao mesmo tempo, para as pessoas que são marcadas e, desse modo, saíram da invisibilidade para uma visibilidade negativa, pode-se lutar também pela superação da própria identidade.

A identidade não deve ser hipostasiada, ou seja, transformada em verdade absoluta. É preciso saber que é a identidade absoluta do "homem branco" – do poder e da dominação masculina do homem racista e machista – que subjuga os outros à "não identidade". Ao mesmo tempo, reivindicar uma identidade não significa necessariamente salvar-se dos jugos, já que as identidades primeiro são criadas negativamente pelo "homem branco". Assim, a identidade precisa ser pensada dialeticamente, vista no que ela tem de verdade e de falsidade. Se ela é uma verdade histórica, foi inventada no tempo e pode ser repensada. Como falsidade podemos sempre ter em vista o elemento de fantasia que serve aos que primeiro a inventaram. Vencer esse processo é o desafio que grupos chamados de "identitários" têm pela frente. As mulheres são o primeiro grupo marcado por uma identidade que sempre favoreceu o seu opressor e resolveram fazer do signo da opressão um elemento de luta de desconstrução dessa sujeição.

Ora, a quem serve a identidade? Tomemos como exemplo a questão racial. Primeiro a identidade sob o signo "Negro" serviu ao senhores da escravização, que a inventaram. Depois, as pessoas oprimidas por esse signo passaram a ressignificar seu sentido e imprimiram a ele a ideia de autoafirmação e orgulho. Foi uma das maneiras de desmontar a opressão por meio de suas próprias palavras.

O mesmo aconteceu com as feministas. O feminismo foi primeiramente usado em um sentido negativo. Aliás, duplamente negativo, porque as feministas eram mulheres que, em muitos casos, eram tratadas como se não fossem mulheres, como se fossem uma espécie de aberração por suas reivindicações, que eram entendidas como antinaturais. Em termos simples, quero dizer que o termo "mulher" sempre foi aplicado com um sentido negativo. Na França do século XIX, um médico usou o nome "feminista" para designar um homem doente que desenvolvia características femininas. Consta que Alexandre Dumas Filho[10] tenha usado o termo pra depreciar homens que defendiam direitos de mulheres.

Assim é que, se a mulher é uma marcação e feminista é outra marcação, a "mulher feminista" carrega uma dupla marcação. O mesmo acontece com a mulher negra que acumula duas marcações. Uma "mulher feminista negra" carrega, portanto, uma tripla marcação e, por isso, soa ainda mais perigosa para o sistema, porque inclui, além de tudo, a questão racial na sua luta de mulher feminista.

A luta das mulheres feministas, contudo – mesmo quando têm a pele não negra, não sendo também indígenas, asiáticas, ou pertencendo a outras etnias conforme um sistema de preconceitos que não cessa de produzir a ideia de um outro negativo – pode, por isso, dar alguma vantagem no sistema de marcações a mulheres brancas.

---

10. Geneviève Fraisse, *Musa de la razón. La democracia excluyente y la diferencia de los sexos*, trad. Alicia Puelo, Madri: Cátedra, 1991.

No entanto, para retomar a ideia do devir-negro do mundo,[11] a escravização geral, que atinge a todos os que não são os donos do capital, sempre operou também sobre muitas mulheres brancas. Mulheres brancas trabalhadoras e pobres, embora pudessem estar inscritas no privilégio branco, nem sempre estiveram livres, apenas por isso, de sua condição de trabalhadoras e escravizadas no lar. O velho devir-mulher do mundo, quando todos estão subjugados ao patriarcal-capitalismo por meio de corpos medidos como úteis para o trabalho, a sujeição e o prazer em uma economia-política hegemonicamente branca e, portanto, racista. Branco, nesse sentido, é um signo de marcação para denunciar a opressão de raça como opressão de classe. A ordem branca, por sua vez, é a mesma ordem do senhorio patriarcal que subjuga negros/mulheres/trabalhadores.

As feministas negras, a partir de Alice Walker, começaram a usar o termo "mulherista" em um sentido positivo e revolucionário. O mulherismo não é muito diferente do feminismo, mas guarda um elemento de elogio às mulheres e sua capacidade de lutar nessa ordem insanamente opressiva que é o patriarcado racista.

1[1]. Achille Mbembe, *Crítica da razão negra*, Lisboa: 2014.

Em vez de desconstruir o gênero, o mulherismo fala da força e do poder das mulheres. É uma postura bonita e com poder de empoderamento de mulheres, e embora não vá ao fundo do problema da identidade, colabora com a luta feminista. A propósito, é preciso dizer que não há um patriarcado que não seja racista e que não seja capitalista no sentido "originário" de uma ordem social que serve ao "homem branco" em cujo oposto está a "mulher negra".

UMA LUTA REVOLUCIONÁRIA

Sobre o feminismo, é bom lembrar que os termos têm história. As heroínas mais revolucionárias não usaram a palavra em sentido autoafirmativo como o de hoje. O feminismo, como vimos, já teve outros sentidos, e alguns deles permanecem entre nós. Por isso, o feminismo negro se tornou paradigmático ao reunir a luta de classes antiescravagista, antirracista e a luta das mulheres. Necessariamente, a luta das mulheres é uma luta de trabalhadoras antiescravagistas, porque são trabalhadoras menosprezadas nas corporações e na vida pública e são escravas no lar, como comentamos anteriormente.

As revolucionárias sabiam que a luta feminista não podia ter como objetivo a liberdade sexual e de gênero sem que levasse em conta a luta de classes e a antirracista. Por isso, revolucionárias como Rosa Luxemburgo, Emma Goldman e Maria Lacerda de Moura não aderiram ao termo "feminismo" imediatamente. Simone de Beauvoir o fez quando ele assumiu contornos mais definidos em relação ao seu sentido como potência de transformação da sociedade. A postura dessas mulheres não se deu, evidentemente, em nome da manutenção do machismo, mas em nome de uma luta que, de fato, transformasse o mundo diante das imposições do patriarcado.

Rosa Luxemburgo, em sua época, por exemplo, não pensava que o direito ao voto, a grande questão das sufragistas, fosse solução para os problemas das mulheres, pois não via como o voto poderia mudar a estrutura da sociedade. Atualmente podemos questioná-la sem desconsiderar que ela tinha razão em seu contexto. Hoje, sabemos que o direito ao voto só faz sentido se estiver junto ao direito de sermos votadas em um país como o nosso, no qual as mulheres ocupam um espaço mínimo nos parlamentos, cerca de dez por centro. Uma mudança nesse cenário vai depender de mudanças institucionais e culturais profundas, em um contexto no qual os partidos ainda servem aos homens, e as mulheres têm dificuldade de encontrar tempo para fazer política, enquanto continuam aprisionadas a toda sorte de deveres domésticos e familiares.

O termo "feminismo" nem sempre teve um sentido revolucionário. Mesmo assim, há feminismos muito bem comportados, digamos assim, e nada revolucionários – aqueles que defendem que as mulheres têm um papel natural no mundo da vida, sem avaliar os jogos de poder aos quais elas estão submetidas e nos quais são manipuladas.

A palavra "feminismo" pode dizer muitas coisas, por isso há muitos debates internos ao feminismo. Todos esses debates relacionam-se ao sentido do feminismo como teoria e como prática.

"Feminismo" só se tornou mais atraente porque se modificou na história e deixou de ser uma palavra negativa – assim como "mulher" deixou de ser uma palavra negativa, do mesmo modo que "vadia" não é mais uma palavra negativa – a partir do momento em que o movimento inteiro resolveu usá-la em um outro sentido, ou seja, ressignificá-la.

Essa modificação, digamos mais uma vez, só é possível porque em determinados momentos da história há uma atenção e um resgate das palavras.

Quando nos afirmamos como mulheres, ou como mulheres negras, ou como mulheres negras lésbicas, ou como mulheres negras lésbicas muçulmanas, ou como mulheres negras lésbicas muçulmanas e brasileiras, como homens trans ou mulheres trans, nos tornamos mais potentes politicamente.

Mas não devemos perder de vista o sério risco da fragmentação da luta, que pode destruí-la. Por fim, quando alcançamos a identidade em seu sentido mais definitivo encontramos a condição do indivíduo isolado, único em sua diferença. É isso que nos faz pensar também no perigo de um conceito tido como muito bonito atualmente, mas que se torna ingênuo quando perdemos de vista a sua origem no individualismo burguês. Nesse sentido, tem sido usado o conceito de singularidade, que também não deve ser elogiado sem a mediação da crítica que nos permite saber que o capitalismo vigilante também está atento àquilo que queremos ser para transformá-lo em mercadoria.

Talvez seja desnecessário lembrar que a identidade é histórica, que não é natural. Mas atualmente devemos ser sempre didáticos quando falamos de questões do campo ético-político. Os tempos são de culto à ignorância e má-fé, o esclarecimento é um dever contra o obscurantismo.

O exemplo dos povos que habitam há milênios e séculos a terra chamada Brasil deve sempre ser lembrado. Eles não chamavam a si mesmos de índios – e só o fazem hoje em um esforço de conversar com esse outro que são os não índios. O nome mulher (*"mulier"* deriva de *"mollis"*, que em latim significa "mole") bem como o termo feminismo (que vem de "feminino", *"fides minus"*, "com menos fé") têm uma origem complexa e não teriam se tornado positivos para muitas pessoas sem um grande esforço interpretativo de ressignificação. Sabemos que o nome "negro" não foi escolhido pelos povos africanos. Por isso mesmo, a automarcação é política e não deve ser rebaixada a um ato de consolo ou compensação. Esses termos só têm sentido quando são usados com uma função prática e política.

Desses exemplos, se percebe que a identidade do feminismo pode ser reinventada em outra direção. Por isso é importante sustentar a singularidade das pessoas, a identidade que cada um reivindica para si – mas sempre atentos aos perigos dos dispositivos de poder capitalistas que transferem tudo para a ordem da mercadoria, do que serve e do que não serve ao sistema. E o que eu reivindico para mim, o direito de ser quem eu quero ser, não pode jamais significar a imposição de minha compreensão de mundo, ou de mim mesmo, ao outro. O diálogo que é essencial à vida da democracia e à vida cotidiana, que nos torna felizes e plenos como seres humanos, depende do respeito às diferenças – inclusive em relação a teorias e visões de mundo.

Porque a luta feminista começou com as mulheres, muitas pessoas acreditam que elas são as únicas que podem ser feministas. Mas se mulher e feminista não são identidades naturais, e sim denominações históricas e identidades construídas, então as coisas não são bem assim. Se Beauvoir tem razão e ninguém nasce mulher, mas se torna, é possível dizer também que ninguém nasce feminista, mas se torna. Quem se autocompreende como mulher e quem se autocompreende como feminista? Quem se autodenomina apenas por moda e quem faz parte da luta? Responder internamente a essa questão faz toda a diferença.

Não podemos esquecer que estamos em um tempo histórico e nossas ações pertencem a esse tempo. Assim, cabe lembrar que sustentar uma identidade de mulher como natural, e não como construída e criada, pode levar ao retorno à heterossexualidade como norma sustentada na ideia de natureza. O problema de quem defende uma padrão heteronormativo é considerar que ele seja uma verdade que deve pairar sobre as pessoas, seu corpo e seus desejos. Nesse sentido, não se pode falar de uma mulher

natural, nem de um homem natural, nem de uma homossexualidade ou afetividade natural. Há, no entanto, quem
acredite em verdades quanto ao sexo, como se o sexo
fosse natural e não tivesse história. O sexo faz parte de
um sistema de crenças. Ele é um signo de controle das
pessoas, e o controle é algo que as religiões e os Estados
sabem – e sempre souberam – fazer muito bem.

12. AS POTÊNCIAS DO FEMINISMO: DA ÉTICO-POLÍTICA À POÉTICO-POLÍTICA

Nós nos acostumamos a falar de política sem ética e de ética sem política. Precisamos voltar a falar da relação entre os dois campos. A política no sentido de relação de poder, essa política em sentido tradicional, que envolve jogos de poder inclusive entre partidos, precisa ser desmontada e construída de outra forma por um verdadeiro questionamento no campo da ética. E ao mesmo tempo, é preciso voltar à ética, devemos colocá-la como um enfrentamento da moral enquanto sistema de costumes e hábitos sedimentados. A moral é aquilo que está dado como se fosse verdade. A ética é a chance de inventarmos nós mesmos e um outro mundo necessariamente a partir do pensamento crítico.

No sentido de invenção de si e do mundo, toda ética é, ao mesmo tempo, uma poética. Essa dimensão inventiva falta à política quando ela se separa da ética e se torna burocracia. Na política tradicional não nos sentimos autores da vida que vivemos. No caso de pensarmos o feminismo, ele será necessariamente uma ético-poética que nos leva a reinventar a política a partir da reinvenção de cada indivíduo.

Do gesto da autoafirmação como feministas – ou seja, de mulheres conscientes dos jogos de poder nos quais estão envolvidas – depende o lugar ao sol, ao qual damos o nome de cidadania. Há mecanismos em nossa sociedade que controlam os pensamentos, as crenças, as falas e o corpo. Quando falamos em controlar, queremos dizer proibir e permitir segundo as necessidades previamente definidas pelo sistema – o que é injusto com cada pessoa.

O feminismo é uma ético-política e é uma ético--poética que visa a desestabilizar um estado de coisas caracterizado por sua injustiça. Uma das maiores injustiças do patriarcado – ou a injustiça originária, aquela que se repete todo dia – é não tornar possível a presença das mulheres na história nem permitir que elas ocupem algum espaço de expressão na sociedade. Cada espaço é conquistado com dificuldade e somente com muita luta.

O fato de as mulheres não fazerem parte da vida pública não se explica apenas por elas terem sido afastadas desse espaço em momentos diversos. Mas porque elas não contaram a sua própria história.

Toda vez que vemos mulheres representadas em pinturas, desenhos, novelas e filmes feitos por homens, podemos nos perguntar se em sua narrativa eles foram machistas. Também podemos nos indagar se as próprias mulheres o são quando, ao se tornarem narradoras, assumem a lógica machista sem muita consciência. Não adianta responder que as mulheres são meras vítimas do patriarcado, pois ele conta com a adesão das vítimas ao seu jogo de linguagem. Além disso, esse tipo de argumento reduz as mulheres a pobres coitadas, o que empobrece o sentido da luta feminista, que se contrapõe a tudo isso.

A questão da representação das mulheres na vida política também é bastante grande. Quando pensamos nos percentuais ínfimos de participação, ficamos perplexas. Como é possível que, mesmo que representem mais da metade da população mundial, as mulheres estejam tão longe da política como instância de decisão sobre a sociedade? De fato, são os homens que ocupam os espaços de poder que detêm o privilégio sobre decisões. As mulheres precisam tomar parte nelas para além do simples voto em homens que dominam o sistema eleitoral há séculos. As mulheres só farão isso se puderem construir a própria história, inclusive na política. Para isso, as mulheres precisam falar de si mesmas em todas as esferas – na arte, no conhecimento, na religião, por exemplo. Assim é que o feminismo pode restituir a cada uma seu lugar legítimo de fala. Por isso é que todas as feministas, de um modo ou de outro, quando escrevem, falam de si mesmas. Aprenderam que o feminismo lhes devolve a biografia roubada. Nesse sentido, o feminismo tem como base ético-política a construção de si, que deve dar às mulheres outro lugar, no campo das decisões.

Só o feminismo permite às mulheres falarem de si mesmas sem mistificação. O feminismo se torna teoria crítica como processo de desmistificação tanto do feminino quanto do machismo que dele se serve. O feminismo não poderia, portanto, ser um machismo invertido, que usa o feminino e o masculino como "caráter" para, na verdade, sustentar o poder e a dominação de uns sobre outras. Por mais que esse possa parecer o único jeito de fazer justiça ao sofrimento histórico das mulheres, o feminismo não pode ser a defesa de um mundo de subjugação invertida. Não penso que o feminismo possa levar a isso, mas essa é uma desconfiança que muitos têm quando não notam que o feminismo é, sobretudo, uma análise e uma desconstrução crítica.

Nesse ponto chegamos a outro aspecto muito importante. A história das mulheres poderia ser contada como a das vítimas, ainda que não possamos nos colocar estrategicamente nessa posição quando se trata de pensar na forma e na potência da luta. A mais difícil das condições é a de vítima, pois, mesmo quando espancada e assassinada, culpada e proscrita, vítima é aquela que desperta no seu algoz o desejo de espancar e assassinar. O sistema da violência opera por repetição de uma lógica. O feminismo crítico e autocrítico deve pressupor o sadomasoquismo que envolve sujeitos e instaura o laço social entre eles. O que chamo de sadomasoquismo não é uma ordem de prazer e desprazer eleitos por pessoas, mas um jogo de poder que usa os aspectos do prazer e do desprazer contra os próprios sujeitos implicados nele e muito para além do que eles significam no sentido mais simples. De um lado há os que se põem na posição de algozes, de outro há as vítimas. E há muitos acordos perversos e delirantes entre eles, até porque o patriarcado é, assim como o racismo, um grande delírio forjado pelo capitalismo. As mulheres, por mais vítimas que sejam, o são de uma ordem na qual são mais as enganadas do que as cúmplices, mas precisam ser convencidas de que são culpadas, ou pobres coitadas, ou, até mesmo de que têm alguma vantagem em relação a isso e, por isso mesmo, aparecem muitas vezes como seduzidas pela ordem como um todo. Faço esse comentário porque precisamos levar a discussão sobre o feminismo para além da ideia de que alguém, por ser mulher, está de antemão isenta da sedução patriarcal. Ora, o capitalismo também seduz, e os trabalhadores se entregam a ele como vítimas do consumismo. Isso não os isenta de nada. Há nesse sentido também um elo de sadomasoquismo com o capitalismo. Por isso, o feminismo é necessário. Só ele faz sair do "acordo" com o patriarcado, do mesmo modo que só a luta de classes faz o indivíduo sair do acordo com o capitalismo.

O patriarcado se constitui por uma equação, de um lado ficam os homens e o poder, de outro, as mulheres e a violência. O poder que garante a violência contra o outro está para o sadismo assim como a subjugação está para o masoquismo. As mulheres não podem exercer o poder político, econômico e o do conhecimento, e são vítimas da violência. Os homens exercem o poder e a violência contra as mulheres. Por isso, o movimento feminista é também uma luta contra a violência exercida na intenção de destruir as mulheres quando se encontram na posição de indesejáveis para o sistema, ou seja, quando não servem sexual, maternal ou sensualmente, quando não produzem, não consomem e também quando criticam esse estado injusto. Esse estado de coisas só será transformado se nos dirigirmos à produção de uma consciência feminista verdadeiramente radical.

13. SER FEMINISTA: RELATAR A SI MESMA

Eu me tornei feminista em contato com os livros de filosofia. Na época em que me preocupei com o lugar das mulheres na filosofia, o nome feminismo não me dizia o que diz hoje. Quando comecei a estudar as mulheres, eu mesma não me via nem como mulher.

Se hoje o termo "feminista" é usado tanto para elogiar e provocar o protagonismo social das mulheres quanto para desabonar alguém – como quando dizem "Você é feminista demais" –, nem sempre a luta das mulheres foi chamada de feminismo.

Há ainda muitas mulheres que preferem não usar o termo feminista para falarem de si mesmas, mesmo quando são bem feministas. Eu mesma durante muito tempo não queria me dizer feminista, pois achava a palavra pouco radical no sentido de que ela me parecia voltada à divisão da luta de classes no mundo. Demorei a elaborar isso. Gênero e sexo sempre me pareceram mais categorias de opressão do que de análise, e demorei a assumir que era preciso enfrentar essa opressão por meio de seus próprios termos. Demorei a perceber que eu também, de algum modo, era mulher e que, de modos diversos, sofria com discriminações de sexo e gênero. Não basta ser igual a um homem para poder viver em sociedade sem ser muito perturbada e coagida. Eu tentei não ver esse lugar de opressão para não me sentir na posição de vítima da história ou das circunstâncias. Era um jeito de me sentir forte. Creio que o feminismo contemporâneo veio sinalizar para esse problema como um problema comum a muitas mulheres.

Somente hoje consigo olhar com mais tranquilidade para as várias injustiças que sofri relacionadas ao fato de eu ter sido marcada como mulher e invisibilizada como pessoa. Entendi muito tempo depois que eu só pude, apesar da minha origem de classe, estudar filosofia e artes – porque ninguém esperava nada de uma mulher senão que ela se casasse e tivesse filhos e não causasse problemas. Do mesmo modo, só percebi que a questão machista pesou em um concurso prestado por mim em uma grande universidade quando o presidente da banca disse para todos que "Essa mulher aqui nem pensar" **e,** mesmo empatada tecnicamente com o primeiro colocado indicado e com um currículo talvez até menor do que o meu, eu devia voltar ao meu lugar de "mulher". O presidente da referida banca é mais um desses idiotas inexpressivos que representam o machismo institucionalizado que mulheres enfrentam no mundo do trabalho cujo poder pertence aos homens.

Perceber o machismo estrutural no dia a dia, na desigualdade doméstica e na pública implica também assumir nossa cegueira sobre as misérias da condição feminina. Se muitas vezes não queremos ver, pois o que vemos nos ver faz sofrer, também participamos da invisibilidade à qual fomos condenadas. E, como começamos a vida olhando para o mundo com nossas lentes limitadas (pelas circunstâncias, pelas crenças, pelos discursos, pelas ignorâncias), nem sempre temos o olhar mais atento para as coisas que nos cercam. É preciso ver mais longe. O feminismo nos ajuda nesse processo.

Bem depois é que acabei aderindo ao termo que resumia muitas das coisas que eu estudava na universidade e observava na vida e que essa expressão servia, de modo específico, como um acelerador histórico para a luta. Lembro que foi na televisão, quando eu participava do programa *Saia Justa*, quando o feminismo não era para mim mais do que um objeto de estudos, que precisei me dizer feminista – porque percebi que a essencialização era uma regra na visão de mundo das pessoas. O discurso essencialista diz: homens são assim, mulheres são assado.

Mas qual seria o problema do essencialismo?, dirá alguém que entra agora nesta leitura sem qualquer aviso prévio. Ora, o posicionamento essencialista pressupõe a existência de uma verdade única, localizada na essência. Onde estaria a essência? O que seria a essência quando se trata de compreender um ser humano que, na história, na sociedade, na cultura e na vida cotidiana, se modifica dinamicamente?

Na televisão como na vida, os debates se encaminhavam para a naturalização dos comportamentos de mulheres e dos homens sempre tratados como óbvios. Naquele contexto, dizer-se feminista não era moda como é hoje – e mesmo para mim soou como um desafio. A questão racial e a transgênera também eram muito mal abordadas e, aliás, de um modo geral, podemos dizer que há bem pouco tempo é que começamos a falar sobre isso em qualquer lugar.

Contando essa história e tendo lido ao longo da vida livros de feministas – e tendo escrito algumas coisas sobre isso na intenção de colaborar com a produção de uma consciência crítica –, fica evidente para mim que o feminismo nos dá uma biografia. Ele é a narrativa de si, a autoavaliação crítica e autocrítica das mulheres. A narrativa daquelas pessoas que não tiveram narrativa, que não tiveram direito a uma história. Por meio dessa história que vem sendo construída e que tem um longo caminho pela frente, o feminismo nos dá a chance de nos devolver ao nosso tempo, ao nossos pensamentos, ao nosso corpo.

14. A VIOLÊNCIA E O PODER

Na equação política de Aristóteles, *Pólis* é a cidade-Estado e *Óikos*, o território da casa. O primeiro é reservado aos homens e o segundo, às mulheres, aos escravos e aos animais. Economia é um termo que tem na origem a palavra *óikos*, do mesmo modo que política vem de *pólis*.

As bases da separação entre público e privado estão dadas aí e correspondem à diferença entre gêneros e classes, bem como entre cultura e natureza. No mundo da *pólis* grega, se exerce a voz que leva à expressão e à partilha das ideias. Assim se constitui o reino da democracia ateniense ocupado pelos homens na *ágora* que é, justamente, o espaço público do encontro entre cidadãos. No espaço da casa, há o trabalho, a procriação e a sustentação organizada da vida.

Essa separação entre público e privado coloca homens e mulheres (e escravos e animais) em mundos separados.

Essa separação rege o pensamento e as práticas ético-políticas da história humana. Público e privado correspondem a mundos habitados por homens e mulheres (e escravos e animais). Essa estrutura da vida social e política grega sedimentou-se e continua como uma base inconsciente em nossa época.

Antes de seguir, devemos saber que o reino do público se define pela ordem do poder e o reino do privado pela ordem da violência.

É um fato que a violência contra as mulheres é uma constante cultural e continua a crescer em todas as sociedades. A violência doméstica sempre foi assunto levantado pelas mulheres que fazem sua politizaçao defendendo-se da violência que vem dos homens, dentro e fora de casa.

A questão da violência doméstica é até hoje uma das principais bandeiras dos movimentos feministas. A violência contra as mulheres é, principalmente, violência doméstica, mas não só. A desigualdade do trabalho doméstico, o papel da maternidade e toda uma lógica do próprio casamento como submissão da mulher ao homem têm muito de um tipo de violência, que é a simbólica. Em um tom mais radical, poderíamos até nos perguntar se a ordem doméstica não é, ela mesma enquanto tal, aquela que instaura as condições de possibilidade da violência doméstica. Guardemos essa hipótese que pode nos ajudar a refletir sobre a sustentação e o avanço da violência doméstica em uma sociedade na qual isso já deveria ter sido superado. Talvez isso nos faça entender que a violência doméstica é a mesma que a violência extradoméstica. A questão que proponho é que pensemos na intimidade conceitual e prática existente entre mulheres, vida doméstica e violência.

Ao mesmo tempo, precisamos ter em vista um dado que nos permitirá avançar em nossas considerações. É curioso que o número de mulheres que ocupam lugar no parlamento, nos poderes Executivo e Legislativo, seja hoje em dia tão pequeno e, em certos países, como o Brasil, não evolua. As mulheres concernem bem mais ao mundo da violência do que ao mundo do poder, não é verdade?

A equação política continua evidente: de um lado estão as mulheres e a violência doméstica, de outro, estão os homens e o poder público. Essa equação mostra o nexo mais profundo entre seus fatores no momento em que observamos a oposição que estrutura essa relação: enquanto a violência é "sofrida" por mulheres, o poder é "exercido" pelos homens.

Vamos deixar claro que a violência sofrida por mulheres é exercida certamente por homens, mas também por toda uma sociedade que produz esses mesmos homens como seres de privilégios contra outros seres que, não sendo homens, não teriam privilégios. Muitas mulheres que se sentem naturalmente parte do patriarcado ajudam a confirmar a ordem vigente e a tendência dominante machista, porque aproveitam alguma coisa do sistema de privilégios.

Não quero reduzir a questão da violência à dos privilégios, mas é um fator importante, já que os privilégios são a forma imediata do poder, ele mesmo infinitamente complexo. E me parece verdade que, de um modo geral, quem tem mais poder, tendo mais privilégios, sofre menos violência.

Vamos deixar claro também que nem todos os homens exercem violência e que alguns poucos conseguem romper com o privilégio. Há exceções a qualquer regra.

Por privilégios, entendemos as vantagens provenientes de posições sociais, políticas, econômicas, de gênero, raciais, etárias. Sabemos que o capitalismo é, ele mesmo, a versão econômica do que o machismo é em termos de gênero. Ele é um sistema de favorecimentos. Natural que no machismo elevado à razão de Estado, como vemos no Brasil de hoje, os autofavorecidos sejam os homens e suas mulheres, colocadas debaixo de jargões, tais como o conhecido "bela-recatada-do-lar", que se tornou piada popular num contexto em que as mulheres, de um modo geral, se sentem mais livres do que o patriarcado gostaria que elas fossem. Verdade também que essa construção é violenta de um ponto de vista simbólico, e quem a constrói, ou quem se submete a ela, não está preocupado com isso.

Evidentemente, não se está sustentando que não exista violência contra homens, e entre eles. Certamente há opressões para todos em uma sociedade capitalista que administra privilégios e opressões de raça e classe, além das de gênero e sexualidade. O que está em jogo é entender o padrão, no mínimo curioso, que implica que as mulheres estejam do lado da violência e os homens do lado do poder, que haja muita violência contra mulheres e pouquíssimo poder administrado por elas.

A quantidade e a qualidade da violência contra mulheres são atravessadas por fatores diversos. Se for verdade que a vítima desperta o desejo de proscrever, então, tanto mais violência sofrerá aquele que menos poder tiver. Isso nos leva a algumas considerações necessárias: 1) há um nexo entre violência e poder que não permite confundi-los; portanto, poder não é simplesmente violência e violência não é simplesmente poder; 2) onde não há poder há violência, a violência é o que resta para aqueles que não têm poder.

Podemos considerar também que a violência é usada para evitar o poder daqueles que são marcados pela violência. Nesse sentido, uma pergunta deve ser feita por todas: haveria, para os seres heterodenominados "mulheres", alguma chance de fazerem parte da humanidade que não fosse sob o jugo daqueles que, como algozes, as heterodenominaram? É possível fazer parte da democracia quando se está ainda confinada ao lar ou às suas regras heterodefinidas? As regras do poder impostas à vida feminina – entre elas o "ficar em casa" como "bela-recatada-do lar" – não seriam simplesmente repetidas na ordem pública para autossustentação do poder masculino?

Nessa linha, podemos nos perguntar: quando um presidente golpista da República, em um 8 de março, fez seu comentário infeliz relacionando mulheres e economia doméstica, num tom que transitava do desconhecimento de economia ao desconhecimento da vida das mulheres, podemos pensar que ele falava como um homem muito antigo, como um ignorante quanto à luta das mulheres por direitos, quanto à vida das mulheres como trabalhadoras, como profissionais, artistas etc.? As mulheres vivem em nossa época apenas como donas de casa, na visão daquele homem antigo. Contudo, não se trata apenas disso.

Como representante do culto da ignorância machista, a fala do presidente do Golpe é estratégica. Se, de um lado, podemos supor uma tentativa de mistificação das massas de mulheres que de fato são também donas de casa – fingindo que elas são principalmente isso, que não são trabalhadoras e profissionais nas mais diversas áreas –, de outro, vemos ressurgir a velha esperança do machismo: de que as mulheres fiquem em casa a esperar sentadas, que não entrem na política, muito menos com a consciência política à qual damos o nome de feminismo.

O fim da violência doméstica depende de levarmos a sério a ideia de que poder é ação conjunta e de que violência é a destruição do poder possível, do poder dos outros, tal como tem sido perpetrada contra mulheres.

Enquanto convocamos as mulheres do mundo para que se unam à luta feminista, essas mulheres que trabalham o dia inteiro, realizando várias jornadas de trabalho – que envolvem também a própria casa como oficina da desigualdade doméstica –, podemos sugerir aos machistas que esperem sentados em seus tronos de privilégios. Eles não perdem por esperar.

Às mulheres, sugerimos que não façam o mesmo.

15. MINORIAS POLÍTICAS, LUGAR DE FALA E LUGAR DA DOR: A QUESTÃO DO DIÁLOGO EM NOME DE DIREITOS

As chamadas minorias alcançaram um lugar no cenário político por meio da afirmação da identidade. É importante sublinhar que o termo "minoria" em seu uso isolado perde sua conotação fundamental. Por isso, não apenas por dever didático, devemos sempre falar em "minorias políticas".

Não poderia deixar de ser assim, uma vez que a participação política implica a entrada do corpo marcado no lugar que o poder reservou para si contra os corpos, aquele lugar onde o poder se exerce para dominar o outro, para subjugar, para submeter, transformando cada um em objeto: o trabalhador no capitalismo, a mulher no patriarcado, o negro na raça, as formas de sexualidades no regime do contrato sexual e do gênero no padrão heteronormativo. A consciência disso levou a um ato de contramarcação politicamente produtivo: hoje as mulheres se autoafirmam como categoria política, bem como as mulheres negras, os negros, os gays, as lésbicas, os surdos, mudos, os quilombolas, os moradores de rua, os sem-terra, os indígenas, os deficientes físicos e assim por diante, sempre tendo em vista a reivindicação de direitos.

Só se entra na esfera política quando se quebra a blindagem do poder. Essa entrada é ela mesma já parte da luta política, seu momento originário a ser sempre reafirmado.

Assim como um xamã ou cacique, que, mesmo com um nome próprio, fala de si como "índio" para se fazer entender pelos não índios, as mulheres e as feministas que já desconstruíram o paradigma antigo do "natural" também falam de si com intenção política e didática, de fazer o outro entender.

Foi a partir daí que se começou a sustentar a ideia do "lugar de fala", em voga na vida contemporânea. Ora, uma característica de nossa época é a sustentação da singularidade, a forma subjetiva que expressa a existência de cada um como um ser de diferença. Por meio da singularidade fica claro que cada um quer conquistar um lugar. Esse lugar tornou-se, pela autoafirmação da singularidade que se expressa, um lugar de fala.

Os filósofos que escreveram confissões, as pensadoras que levantaram questões sobre os direitos das mulheres, muito antes de dispormos do nome feminismo, ocuparam o lugar metodológico da fala. Até mesmo Descartes, ao escrever "penso, logo existo", fez uso de um lugar de fala. O lugar de fala é fundamental para expressar a singularidade e o direito de existir. Deturpado, ele também é reivindicado por muitos cidadãos autoritários que desejam expressar preconceitos e o fazem democraticamente. Esquecem que o que destrói a democracia não pode ser considerado democrático, mas isso é outro problema.

Quando pensamos no lugar de fala do autoritário, vemos que esse lugar é realmente complexo. Se confundimos o lugar de fala com a expressão de uma verdade pessoal à qual não deveríamos reduzir a singularidade, sempre podemos usá-lo para fins autoritários. Por meio dele, podemos interromper a luta, como um fascista o faz.

Por isso, não é possível falar do lugar de fala sem pressupor o diálogo como reconhecimento do outro. Aí é que se torna necessário separar o lugar de fala do lugar da dor. O lugar da dor é individual, e em relação a ele só podemos ter escuta. Já o lugar de fala é o lugar democrático em relação ao qual precisamos de diálogo, sob pena de comprometer a luta.

Às vezes um lugar de fala pode ser um lugar de dor, às vezes um lugar de dor pode ser um lugar de fala. Se o lugar de fala é abstrato e silencia o outro quando deveria haver diálogo, ele já não é mais um lugar político, mas um lugar autoritário que destrói a política – no sentido das relações humanas que visam ao convívio e à melhoria das condições da vida em sociedade. Talvez até agora não tenhamos avaliado uma questão, a de que a marcação implica uma dor. Aquele que é marcado como minoria carrega a sua dor, e toda dor deve ser respeitada. De onde vêm as dores políticas? Da violência do poder. Por isso, para que o lugar da dor se torne lugar de fala, é preciso articular a dor, reconhecê-la, colocá-la em um lugar político, aquele lugar onde o outro está incluído como um sujeito de direitos que também tem a sua dor. Por isso, Vilma Piedade tem razão em falar de "dororidade" em vez de "sororidade".[12]

Mas se o lugar de fala – mesmo quando tenha vindo da dor – interrompe o diálogo, corre o sério risco de estar contra si mesmo, de ter regredido a um momento

---

12. Vilma Piedade, *Dororidade,* São Paulo: Editora Nós, 2017.

que podemos chamar de antipolítico. Se, de dentro da minha dor, elimino o diálogo, posso já ter deixado de lado a luta. Posso estar perdido em um exercício de puro ressentimento, no extremo – e há extremos –, posso estar gozando na vingança ou na prepotência autoritária mascarada das mais belas lutas.

Ora, ninguém está livre de afetos tristes em política. Quantas vezes não nos deixamos levar por vaidades, infantilismos, ressentimentos? As rachaduras das lutas dependem muito desses processos e só fazem mal às lutas. Quantas vezes o moralismo burguês toma nosso corpo e nossa mente e nos faz disputar poder e espaço com os próprios companheiros e companheiras, quando deveríamos nos unir para combater inimigos reais? Nesse sentido, falo com uma intenção que é a da autocrítica da luta em nome de uma ética mais cuidadosa em relação à luta. Somente uma ético-política da luta sustenta a verdadeira política da luta. Pois a luta política sem ética é como a luta ética sem política. A destruição da própria luta é a destruição da política. E vice-versa, pois política é fundamentalmente luta.

16. POLÍTICA DA ESCUTA

Nada é mais importante, no contexto das disputas dos lugares de fala, do que a política da escuta. Um homem branco, sujeito de privilégios, deve praticar essa política sempre. Um homem branco poderá ajudar muito a luta ao praticar essa ético-política da luta por meio da escuta e poderá, junto aos seus, ser um mensageiro dos direitos nos quais crê ou defende ser bons para a sociedade – na pessoa de cada um dos seus participantes respeitados em suas singularidades. Deixará, inclusive, de ser um homem branco – no sentido da metáfora sobre a qual falamos antes – se conseguir aderir concretamente à luta.

A confusão atual sobre quem pode falar sobre o que em termos de luta, precisa ser desmanchada: assim como não deve haver hierarquias de opressão, não deve haver hierarquia de luta. O protagonismo dos sujeitos marcados não pode se tornar motivo para que os marcados diferentemente não lutem por todos. O risco que corremos ao impedir que aqueles inseridos como homens brancos falem é que sejam autorizados a lutar apenas por seus próprios direitos e, desse modo, contra os direitos dos demais, perpetuando um sistema de injustiça. O paradoxo da luta que alimenta a opressão só pode ser ultrapassado pela razoabilidade do seu efeito concreto.

Estive em um evento falando com muitas mulheres, ativistas e feministas de diversos movimentos. Ao fim de todas as falas, um homem branco, representante do movimento dos moradores de rua, pediu a palavra e disse que não tinha conseguido a adesão de nenhuma mulher do movimento para estar ali naquele momento. Em suas palavras, as mulheres que moram nas ruas vivem em condições piores do que as condições dos homens nas mesmas circunstâncias. Ele era um homem só e naquele momento vivia o conflito de estar ali e falar ou simplesmente ficar quieto. Afinal, era um homem e aquele era um momento da fala feminista que defendia os direitos das mulheres.

Podemos nos perguntar se sua singularidade poderia ser apagada naquele momento. Ele falou e foi ouvido. E disse porque uma mulher não estava ali. Se o feminismo o silenciasse naquele momento, não cairia em uma espécie de autoritarismo disfarçado? Alguém poderia dizer que aquele homem era um opressor camuflado que veio protagonizar no lugar onde deveria estar uma mulher moradora de rua. Alguém poderia dizer que ele mesmo mentiu para estar naquela posição, apagando com seu gesto o protagonismo de uma mulher. Nunca saberemos. O fato é que sua presença e sua fala apontaram para uma ferida social imensa. Ele falou como podia falar, a partir da consciência da falha da representação, e, desse modo fez notar a ausência das mulheres de rua e de muitas outras mulheres que não estavam ali. Ele colocou a ausência em cena a partir da própria estrutura do sistema. Ao falar usando seu lugar de fala de homem morador de rua, ele mostrou não apenas a ausência das mulheres mas também a de outros homens e de pessoas em geral em uma sociedade em que a injustiça é, para todos, uma espécie de ironia do destino democrático. Ele conseguiu, assim, dar relevo à sua luta e ao lugar ausente de alguém que não poderia estar ali por não ter as mínimas condições para exercitar sua presença diante de outros.

Teria ele roubado "protagonismo" de alguém? Ou teria mostrado a importância da fala e do direito à presença? Teria ele usado um lugar de dor, além de um lugar de fala? Pensemos. Naquele momento, ele me pareceu o porta-voz de algo absurdo, do abismo profundo em que estamos mergulhados. Sem ele, nós, que moramos em casas, não teríamos notado a ausência das moradoras de rua, como constantemente não se nota a ausência daqueles (deficientes, negros, idosos, índios) com quem não se tem identificação imediata.

17. PENSAR JUNTAS, JUNTES E JUNTOS: POR UM FEMINISMO EM COMUM

O que somos capazes de perceber do mundo em que vivemos? Contradições sociais são complexas, e a produção de ilusões não para de se reproduzir. Talvez não haja nada mais evidente do que a necessidade do feminismo como chave de acesso a um mundo melhor. As mulheres continuam oprimidas, humilhadas e violentadas. Os homens, mesmo em seus privilégios, vivem afundados na miséria do espírito, em uma sociedade que se autodestrói. Não haverá mundo melhor para ninguém se não houver uma construção conjunta capaz de pensar em um comum que emancipará a todos.

A transformação da sociedade precisa ser pensada rumo a uma vida melhor para todas as pessoas. Isso implica pensar outro projeto. Outra política, outro poder, outra educação, outra ética, outra economia. O feminismo é o campo teórico e prático que pode construir uma política com outros referenciais: a natureza, o corpo, o cuidado, a presença, a vida digna. Escrevo pensando em termos ecologistas e acreditando que o ecofeminismo, como reconhecimento de nosso lugar na natureza e mote da construção política, é o futuro que devemos conquistar.

Penso agora em nosso país sob um Golpe que começou em 2016 e que, durante a escrita deste livro, ainda não terminou. Um Golpe que foi uma violência contra uma mulher e instaurou uma ditadura machista, insidiosa e cínica, como todo machismo. Penso no ideal de um Estado laico, no qual o aborto seja totalmente legalizado, no qual as pessoas não sejam maltratadas por sua condição física ou por seus desejos. Penso em uma sociedade capaz de ajudar, educar e cuidar de cada um de seus cidadãos. Uma sociedade de direitos fundamentais. Um Estado para o povo, e não para a elite privilegiada e autoritária. Penso nisso tudo e não vejo caminho senão começar pelo feminismo, que nos ajuda a ver melhor e mudar o rumo delirante do patriarcado que sempre quis apenas nos usar e devorar e que sempre impediu o diálogo por medo da sua potência transformadora radical.

O feminismo em comum é um convite e um chamado para o diálogo e a luta. Aceitá-lo é uma questão de inteligência sociopolítica e de amor ao mundo.

A primeira edição deste livro foi publicada em janeiro de 2018, ano em que se celebram: 90 anos da eleição de Alzira Soriano de Souza, primeira mulher eleita prefeita no Brasil, em Lajes/RN; 88 anos de nascimento da Patrona do Feminismo Nacional, Rose Marie Muraro; 86 da escritora lésbica Cassandra Rios; 83 da intelectual negra Lélia González, 40 da intelectual trans e negra Jaqueline Gomes de Jesus; 70 anos da Declaração Universal dos Direitos Humanos; e 28 da fundação da Rosa dos Tempos, a primeira editora feminista brasileira.

O texto foi composto em Minion Pro, corpo 11/16. A impressão se deu sobre papel off-white pelo Sistema Cameron da Divisão Gráfica da Distribuidora Record.